eビジネス新書

No.387

週刊東洋経済

全解明 経済安全保障

週刊東洋経済 eビジネス新書 No.387

全解明 経済安全保障

本書は、東洋経済新報社刊『週刊東洋経済』2021年6月26日号より抜粋、加筆修正のうえ制作しています。情報は底本編集当時のものです。そのため役職などの表記も編集当時のものです。（標準読了時間 90分）

全解明　経済安全保障　目次

米中デカップリングと日本企業

世界を覆う経済安保

グローバル化と自由主義経済を謳歌する時代は終わりを迎えた――。経済同友会が2021年4月にまとめた提言「強靱な経済安全保障の確立に向けて」は、国家の安全保障と企業経営を一体に考えるべきだ、という強いメッセージを発して話題を呼んだ。

背景にあるのは、深刻化する米中間の対立だ。軍民融合路線を推し進める中国に対し、米国は輸出規制を強化している。2019年5月には中国ファーウェイに対する事実上の禁輸措置を発動し、20年8月に米国の技術が関わる半導体やソフトがファーウェイに渡るルートを完全に遮断した。

自国産業の育成・振興も競い合っている。両国は先端半導体をはじめとする国産サプライチェーンの構築を急ぎ、兆円単位の巨額支援を行うことを決めている。

対立に拍車をかけているのが人権問題だ。新疆ウイグル自治区での人権抑圧に対し、2021年3月に米国は英国、EU（欧州連合）、カナダと連携し制裁措置を実施。これに対し中国は内政干渉だとして反発、すぐさま報復制裁を発動した。

新型コロナ禍による社会の不安定化や、マスクなどの医療品、ワクチンの不足によって世界的に自国優先主義が先鋭化している。米中を起点とした覇権争いは、沈静化する兆しが見えない。

経済同友会の提言はそうした問題意識に基づく。「経済力や先端技術が外交交渉の武器になっている中、経営者が安全保障に無関心であってはならない」と、経済同友会副代表幹事（国際問題委員長）でJSR名誉会長の小柴満信氏は危機感を示す。

“経済安全保障とは”

国家の安全保障を、軍事力ではなく
経済の面から実現すること。
エコノミック・ステートクラフトとも呼ばれる
(economic statecraft)

なぜ今重要になっているのか

理由
1
軍民融合を掲げる
中国の影響力が拡大、
経済・科学分野の
米中対立が激化

理由
2
コロナ禍によって、
医療品の貿易制限措置
など自国優先の
姿勢が先鋭化

政府や民間企業にとって、
経済安保が欠かせない時代に

国にとってのリスク

- 機微技術が中国など特定の国に渡ることで、軍事的脅威が発生する
- 先端半導体などが特定国に流出し、その優位性や産業基盤が失われる
- サプライチェーンの他国依存で、医療品などの必需物資が入手困難に

政治と民間には温度差も

経済安保の確立に向けて、日本政府も対策に乗り出している。

永田町の首相官邸のすぐそばにある小ぶりなオフィスビル。ここで経済安保の司令塔役を担うのが、国家安全保障局（ＮＳＳ）の経済班だ。２０２０年4月に発足し、各省庁から約２０人が集まっている。中国を念頭に、経済安保に関する法令の改正案を検討しているもようだ。

党の動きは活発だ。自民党は２０年１２月に提言「『経済安全保障戦略』の策定に向けて」を発表し、１６項目にわたる重点課題と対策をまとめた。自民党の有志議員らは、２１年5月に「半導体戦略推進議員連盟」を立ち上げ、安倍晋三首相と麻生太郎副総理兼財務相が最高顧問に就いた。

省庁として力を入れ始めているのが経済産業省。6月4日に開かれた産業政策の大枠を決める産業構造審議会では、政策の新機軸として経済安保の必要性を強調している。半導体がデジタル社会を支える重要基盤かつ安全保障に直結する戦略技術であり

「死活的に重要」であるとして、半導体を国家事業にする必要性を訴えた。

存在意義の低下が指摘されていた公安調査庁は、経済安保に活路を見いだす。産業スパイ対策の情報収集・分析が急務であるとして、21年2月に長官・次長直轄のプロジェクトチームを発足させた。

政官の動きを受けて、経済界も対応を始めている。

2020年6月1日、経団連の会見で日立製作所の東原敏昭社長兼CEOは「サプライチェーンの考え方も限界に来ていて、(その都度切り替える)ネットワーク的な調達の仕方を考えなければ」と発言。経団連や業界団体では、東原氏の発言は「脱・中国」を念頭に置いたものと受け止めている。

大手企業は経済安保に特化した専門部署もつくっている。三菱電機は20年10月に経済安全保障統括室、デンソーは21年1月に経済安全保障室を設置した。「サプライチェーンの見直しには、従来の輸出入管理や法務部門では対応できない。横串を刺すための組織だ」と、三菱電機の伊藤隆・経済安全保障統括室長は語る。これらの専門部署は、経産省出身者がトップに就くケースが目立つ。

中国は世界の最先端技術に強い関心を持っている。政府系の有力科学技術専門紙「科技日報」は、中国が早急に追いつくべき35の製品技術・製造技術を例示。35項目の中には、日本企業が競争力を有しているものが少なくない。日本企業の技術は明確に対象になっていることがわかる。

中国が強い関心を持つ先端技術

―日本企業が得意とする分野も多い―

1	**ステッパー**(半導体製造装置) 高精度ステッパーは、蘭ASML、**ニコン** **キヤノン** の3社が製造
2	**チップ**(光チップ、電子チップ)
3	**オペレーティングシステム**(コンピューター、情報通信設備)
4	**航空エンジンナセル**(エンジン収納筒)
5	**触覚センサー**(ロボット)
6	**真空蒸着装置**(半導体製造装置) **キヤノントッキ** がハイエンド市場を独占
7	**高周波デバイス**(高周波チップ、回路、フィルター、材料)
8	**標的発見技術**(新薬開発)
9	**重構造型ガスタービン**(駆動装置、発電設備) 主要4メーカーの一角に **三菱重工業** が入る
10	**レーザーレーダー**(センサー)
11	**耐空性標準**(航空エンジン)
12	**ハイエンドコンデンサー、抵抗器**(電子部品) **村田製作所** **TDK** などの日本企業が半分以上のシェアを占める
13	**コア産業用ソフトウェア**(電子設計自動化ソフトウェア)
14	**ターゲット材**(ITOなど、半導体・電子部品材料) **三井金属** **東ソー** **日立金属** **住友化学** が高シェア
15	**コアアルゴリズム**(産業ロボット制御装置) 4強は **ファナック** **安川電機** 、スイスのABB、独KUKA
16	**航空鋼材**(高強度鋼、航空機)
17	**エンドミル**(高速鉄道のレール加工・メンテナンスなどに使う工具)
18	**ハイエンド軸受け鋼**(精密加工部品)

19	高圧プランジャーポンプ(油圧システム)
20	航空機設計ソフトウェア(航空機)
21	フォトレジスト(半導体材料) 東京応化工業 JSR 住友化学 信越化学 など 日本勢が独占
22	高圧コモンレールシステム(ディーゼルエンジン) 独ボッシュなどに並び、デンソー が大手の一角
23	透過型電子顕微鏡(精密検査機器) 日本電子、日立ハイテク、米FEIの寡占市場
24	全断面トンネル掘進機主軸受け(土木機械)
25	ミクロスフェア(マイクロエレクトロニクス)
26	水中コネクター(海底観測網)
27	燃料電池重要材料(新エネルギー自動車) トヨタ自動車 が商用化でリード
28	ハイエンド溶接電源 (ハイエンド海洋資源開発・海洋権益保護装備の補修)
29	リチウム電池セパレーター(新エネルギー産業材料) 旭化成 と 東燃化学 が高シェアかつ高品質で有名
30	医学撮影設備コンポーネント(医療機器)
31	超精密研磨プロセス(工作機械、半導体製造装置)
32	エポキシ樹脂の靭性(炭素繊維複合材料) ハイエンド品は 東レ が独走
33	高強度ステンレス(ロケットエンジン材料)
34	データベース管理システム(DBMS)
35	走査型電子顕微鏡(分析・検査設備)

(出所)中国「科技日報」、安全保障貿易情報センターの資料を基に東洋経済作成

一方で、企業からは戸惑いの声も聞こえる。ある半導体業界関係者は「政府の意向を配慮して中国向けの輸出を減らし、日本はシェアを落としている。政府に明確なガイドラインがないのが原因だ」と憤る。20年11月に梶山弘志・経産相は「各国の輸出管理上求められている内容を超えて、過度に萎縮する必要はない」としている。

サプライチェーンの洗い出し一つ取っても、企業にとっては簡単なことではない。サプライチェーンの分析支援を手がけるFRONTEO（フロンテオ）の守本正宏社長は、「取引先が中国系ではないと思っていても、何段階かさかのぼると、本当の株主が中国政府系というケースが多々ある。その支配関係を見つけるのは難しい」と指摘する。

米国の求めに応じ、各省庁は大手メーカーなどに対してサプライチェーンの状況を報告するよう求めているという。「半導体ありきではなく、医薬品や人工呼吸器など、緊急時に対応する国産サプライチェーンを日本もつくらないといけない」（経産省幹部）。

これに対し、ある民間の渉外担当者は「効率性重視だけではダメというのはわかるが、政府や党は権益拡張のため安保に軸足を置きすぎているのではないか」と不満を漏らす。政府や議連はさらに、主要企業における経済安保の担当役員や官民協議会の設置を求めているが、民間サイドにどの程度受け入れられるかは不透明だ。

経済安保への対策をめぐり、日本企業が意識しなければならないのは、製造技術だけではない。

21年3月、メッセンジャーアプリのLINEは中国にある業務委託先の関連会社などで、日本ユーザーの個人情報やメッセージ内容が閲覧可能だったことを認めた。日本国内8000万人超のユーザー情報が、中国に筒抜けになっていたことになる。中国は17年に国家情報法を施行し、一般の組織や市民に対して工作活動への協力を求めている。出澤剛社長は、「国家情報法施行後の潮目の変化を見落としていた」と謝罪している。

LINEをめぐっては、日本の情報が韓国のサーバーに移転・保管されていることも明らかになった。従来のプライバシーポリシー説明では明確でなかった点を外部の指摘を受けて認めた。この一件を機に、国産のデータセンターを増やすべきだという議論が政府内で高まっている。データの取り扱いについては、IT・ネット系に限らずデジタル化を進めるすべての企業に関わる問題だ。

経済同友会で、もう1人の国際問題委員長である全日本空輸の平子裕志社長は、「航空会社は顧客管理の膨大なデータベースを持っている。就航地点ごとに業務の委託を行っているが、保守・管理含めて委託先の適正性を見なければいけない」と語っている。

経済安保の観点からは、海外資本受け入れのあり方をめぐる議論も熱を帯びている。「何をそんなに大騒ぎしているのか、まったく意味がわからない」。21年4月、中国ネット大手のテンセントによる出資について問われた楽天グループの三木谷浩史会長兼社長はこう語った。楽天に対するテンセントの出資は、20年5月に施行された改正外為法の事前審査規定を回避していた。外為法は日本企業への出資をする際に海外投資家の安保リスクを審査することを求めている。だが、一部の条件を満たせば審査は不要になるため、「制度の穴を突かれた」（政府関係者）格好だ。

外為法については、ガバナンス問題で揺れる東芝でも議論の焦点となっている。20年7月の株主総会を前に、シンガポールの投資ファンドに対し、外為法を所管する経産省が株主提案を出さないように圧力をかけた疑いがある。東芝には原発など安保上重要な技術があるという理由からだ。

海外からの投資は経済を活性化させる一方、自国の重要技術やデータが流出し、安保上のリスクになる可能性もある。世界的に官民の一体化が進む中、企業は軍事転用にいっそう気を使う必要がある。分断の時代に企業戦略はこれまでにない難しさに直面している。


（二階堂遼馬）

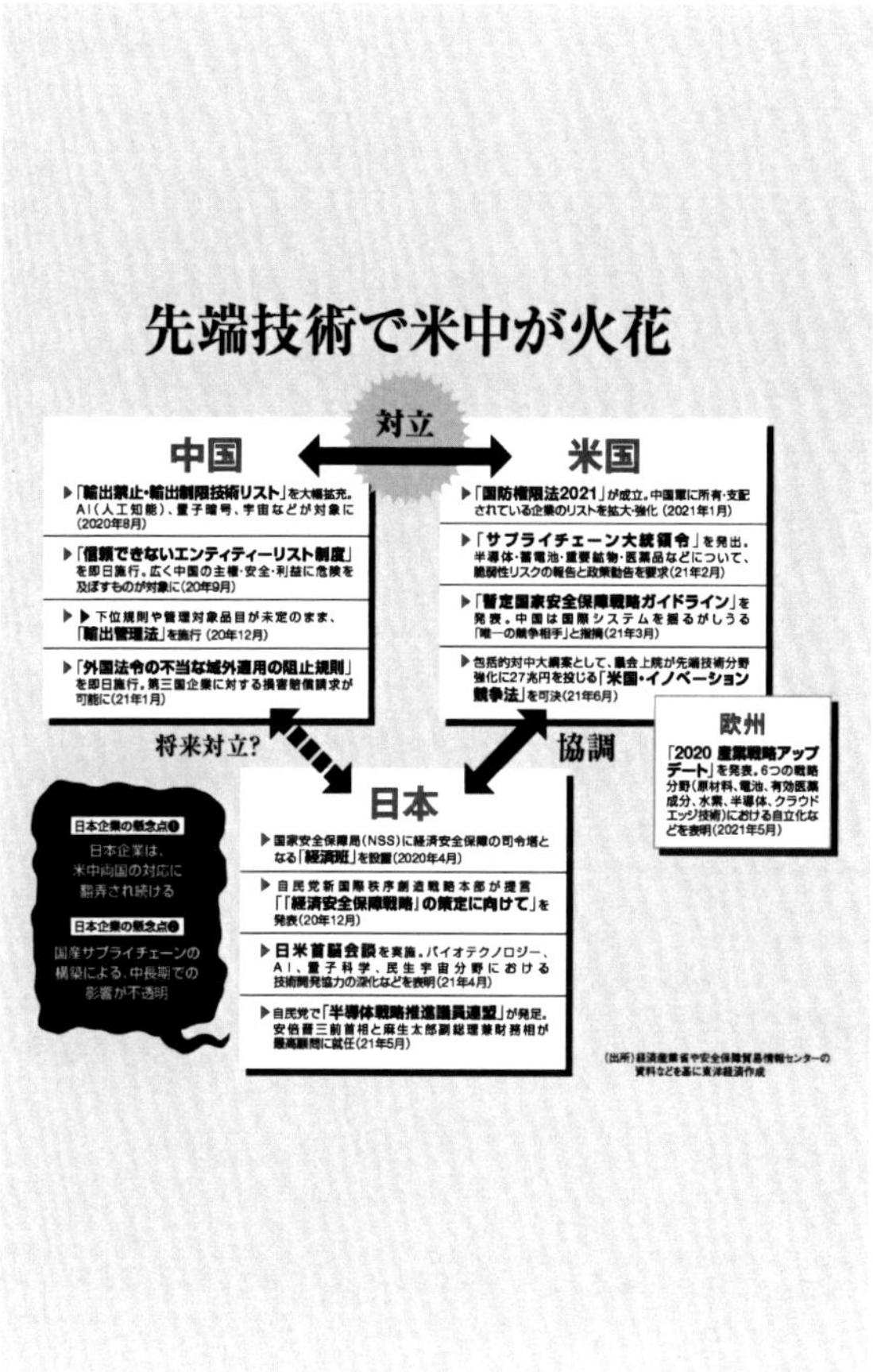

先端技術で米中が火花
対立
中国
▶「輸出禁止・輸出制限技術リスト」を大幅拡充。AI（人工知能）、量子暗号、宇宙などが対象に（2020年8月）
▶「信頼できないエンティティーリスト制度」を即日施行。広く中国の主権・安全・利益に危険を及ぼすものが対象に（20年9月）
▶▶下位規則や管理対象品目が未定のまま、「輸出管理法」を施行（20年12月）
▶「外国法令の不当な域外適用の阻止規則」を即日施行。第三国企業に対する損害賠償請求が可能に（21年1月）
米国
▶「国防権限法2021」が成立。中国軍に所有・支配されている企業のリストを拡大・強化（2021年1月）
▶「サプライチェーン大統領令」を発出。半導体・蓄電池・重要鉱物・医薬品などについて、脆弱性リスクの報告と政策勧告を要求（21年2月）
▶「暫定国家安全保障戦略ガイドライン」を発表。中国は国際システムを揺るがしうる「唯一の競争相手」と指摘（21年3月）
▶包括的対中大綱案として、議会上院が先端技術分野強化に27兆円を投じる「米国・イノベーション競争法」を可決（21年6月）
将来対立?
協調
欧州
「2020 産業戦略アップデート」を発表。6つの戦略分野（原材料、電池、有効医薬成分、水素、半導体、クラウドエッジ技術）における自立化などを表明（2021年5月）
日本
▶国家安全保障局（NSS）に経済安全保障の司令塔となる「経済班」を設置（2020年4月）
▶自民党新国際秩序創造戦略本部が提言「「経済安全保障戦略」の策定に向けて」を発表（20年12月）
▶日米首脳会談を実施。バイオテクノロジー、AI、量子科学、民生宇宙分野における技術開発協力の深化などを表明（21年4月）
▶自民党で「半導体戦略推進議員連盟」が発足。安倍晋三前首相と麻生太郎副総理兼財務相が最高顧問に就任（21年5月）
日本企業の懸念点❶
日本企業は、米中両国の対応に翻弄され続ける
日本企業の懸念点❷
国産サプライチェーンの構築による、中長期での影響が不透明
（出所）経済産業省や安全保障貿易情報センターの資料などを基に東洋経済作成

「板挟み」日本企業への影響

国家の外交・防衛政策を、民間企業がいや応なしに意識しなければいけない時代がやってきた。人権問題も含め、日本企業は経済安全保障を踏まえて戦略をどのように練るのか。影響の大きい6業種を分析した。

【電機・半導体】米国の輸出規制直撃　国産進めリスク回避

「9月15日の中国の大手顧客への出荷停止を受けて、下期に当該顧客への売り上げはまったく見込んでいない」。2020年10月、ソニー（現ソニーグループ）の十時裕樹CFO（最高財務責任者）は20年度上半期の業績説明会でこう説明した。この日、ソニーは半導体部門の営業利益見通しを490億円引き下げ、810億円とした。ほかの部門では見通しを引き上げる中での大幅下方修正だった。これまでソニーの業績を牽引してきた優良部門が思わぬ形でつまずいた。

原因は、中国ファーウェイに対する米政府の規制強化だ。ソニーの半導体事業売上高のほとんどは、CMOSイメージセンサー（撮像素子半導体）が占める。スマートフォンのカメラ向けで圧倒的なシェアを誇り、カメラ性能を重視するファーウェイは、センサー事業の年間売上高1兆円のうち、約2割を占めるとみられる。

米商務省は、19年5月にファーウェイを安全保障上問題のある企業として「エンティティーリスト」に登録。20年5月には規制を強化し、米国の技術を使った半導体の輸出を禁止した。この規制が発効する9月以降、ソニーのほか、半導体メモリー大手のキオクシアや電子部品大手のTDKなど影響の出る企業が相次いだ。

日本勢のシェアが高い半導体製造装置メーカーにも、規制の影響は及んでいる。検査装置で世界シェアの半数を占めるアドバンテストは、20年度国別売上高で中国は25・6％と最大だ。しかし、他社の一部装置に対して対中輸出規制がかかっており、今後その対象が広がる可能性もある。「きちんと情報収集して対応するしかない」（吉田芳明社長）。輸出が禁止されている間に、中国が内製化を進めるリスクもある。

米中のデカップリングは両陣営による投資競争につながり、日本が得意とする製造装置メーカーには有利とみる市場関係者もいる。ただ、あるメーカー幹部は「需要の先食いにすぎない。あるかないかわからない話に踊らされてはいけない」と警鐘を鳴らす。

そうした中、経済安保の観点を踏まえソニーは21年4月、長崎県でCMOSイメージセンサーの工場を増設した。竣工式で同社の吉田憲一郎社長は「半導体を日本で造ることに大きな意義を感じている」と語っている。日本政府の旗振りもあり、今後はソニーに続き国産化の動きが広がるかもしれない。

（佐々木亮祐、高橋玲央）

【自動車】中国製電池調達でも北米展開には重荷

米中対立の折、自動車メーカーにとっての課題は、電動化で需要が拡大する車載電池をいかに安定調達するかだ。中国向け輸出が米国ににらまれるという懸念は少ないが、逆に中国政府の意向を気にしなければならない。

車載電池のメーカー別出荷シェアは、中国の寧徳時代新能源科技（CATL）と比亜迪（BYD）が合わせて3割強を握っている。中国勢の電池メーカーと関係を築きつつ、中国産業の振興を優先する中国政府の規制リスクを軽減する作戦が求められる。

トヨタ自動車はすでに日中の両面作戦を取っている。プライム プラネット エナジー＆ソリューションズ（PPES）などパナソニックとの合弁電池会社2社を軸に据え、2019年以降はCATLやBYDとも電池の調達や開発で提携している。22年に投入する新型EV（電気自動車）の中国生産車にはCATL製電池を採用した。

「CATLは他社への供給実績もあり、信頼性が高い。カーボンニュートラルのうえでも電池は『地産地消』が基本」と、トヨタの前田昌彦CTO（最高技術責任者）は話す。ただこの決断に関し「輸出規制を回避するため、中国政府へ相当な配慮をしたのでは」（電池業界関係者）との声も聞かれる。

今後の焦点はドル箱市場・北米での電池調達だ。ＣＡＴＬやＢＹＤは北米に工場がなく、米中の緊張関係を踏まえると、これからの進出は考えにくい。そのためトヨタの場合はパナと組むＰＰＥＳの米国進出が現実的だが、電池の調達コストが中国勢よりも高い点がネックだ。とくにＥＶ用の電池は「１台当たりの投資額が大きい」（前田氏）だけに、ＰＰＥＳでコスト競争力を磨く必要がある。

「脱エンジン車」を目指すホンダも、北米でのＥＶ展開に力点を置く。電池は、提携する米ゼネラル・モーターズ（ＧＭ）と、韓国ＬＧエナジーソリューションとの共同開発品を採用する。ホンダはＣＡＴＬに１％出資しているが、トヨタと同じく北米での調達は期待できない。「供給量と価格面を考えると、北米ではＬＧなど韓国勢に頼るのが現実的」（自動車業界に詳しい戦略コンサルタント）という見方もある。日産自動車は２１年冬に投入する新型ＥＶ「アリア」にＣＡＴＬ製の電池を初採用。全量を中国から調達し、日本で車両を生産する。

車載電池に詳しい名古屋大学の佐藤登・客員教授は「ＬＧなどの韓国勢は価格攻勢

で近年シェアを高めているが、安全性では日系電池メーカーに劣る」と話す。品質と価格、規制動向をにらんだ調達戦略が電動化時代の勝敗を分けることになりそうだ。

（木皮透庸）

【化学】「地産地消」が緩衝材　懸念は連鎖的な影響

自動車、精密機器、家電、住宅、工業用品、衣類などさまざまな製品に樹脂や繊維などの部材を提供する化学メーカー。経済安全保障を各社とも業績の下押しリスクの1つとみる一方で、現時点で大きな懸念材料を抱えているわけではない。むしろ化学メーカーは、米中対立への緩衝材になりうる生産体制を有している。

それは主力製品の製造拠点を各地に置き、付近の取引先企業に出荷する「地産地消」だ。化学メーカーは従来、世界に散らばる主要顧客の拠点の近くに工場や研究施設を建ててきた。顧客に接して需要をくみ上げて、提供部材をカスタマイズすることが、付加価値を高め差別化になるからだ。

例えば三井化学は、主に自動車のバンパーや内装部材に使われる主力製品のポリプロピレン（PP）コンパウンドで、8つの生産拠点（米国、オランダ、日本、中国、タイ、インド、メキシコ、ブラジル）と、6つの研究開発拠点（米国、オランダ、日本、中国、タイ、インド）を持つ。

拠点の分散化は、サプライチェーンの分断に対するリスクヘッジとしても機能している。仮に、中国から米国への輸出が追加関税やその他何らかの形で影響を受けても、中国のメーカー向けには中国で生産した製品を出荷するようにしていれば、直接的なダメージは小さい。三井化学の橋本修社長は「大きな市場があるところには（今後も）『地産地消』型のビジネスモデルをきっちりつくり、なるべくそのエリアで完結できるようにする。サプライチェーンを簡素化することは重要で、米中摩擦のようなカントリーリスクにも対応できるメソッドだ」と話す。

もっとも、販売先のメーカーが米中対立によるブロック経済化に阻まれ輸出不能になれば、事情は異なる。その結果として生産量が減れば、部材の需要減につながる。トランプ政権時には、そうした連鎖的な打撃があった。

「グローバルにビジネスを展開する企業として、事業への影響を注視している」(住友化学の岩田圭一社長)。化学各社は地政学リスクの動向を見極め、いっそうの「地産地消」化を進めてリスク軽減を図る考えだ。

(奥田　貫)

【通信】ファーウェイ排除とオープン化が追い風

米中摩擦が逆に追い風になっているのが通信業界だ。携帯電話の基地局など通信機器は、スウェーデンのエリクソン、フィンランドのノキア、そして中国ファーウェイの3社が世界シェアの6割を占めていた。NECや富士通といった日本勢は海外での存在感がほぼ皆無だった。そうした中でファーウェイへの禁輸措置が浮上、日本勢にはチャンスが到来している。

「英国を含む欧米での商機は大きい」。NECの森田隆之社長は意気込む。英国では5G向けのファーウェイ製通信機器導入が2021年9月から禁止される。そこでN

ECは政府主導の5G実証プロジェクトに参画、21年6月には英ボーダフォンへの基地局導入が決まった。「ファーウェイは通信会社の設備をほぼ無償で入れ替えてしまうなど、とても競争できる相手ではなかった」（森田社長）が、状況は一気に逆転した。

「オープンRAN」と呼ばれる通信機器のオープン化が国際的に進んでいることも、日本勢を後押しする。従来の通信網は基地局から交換機まで海外の特定ベンダーに囲い込まれ、グローバルな競争原理が働きにくかった。だが、異なる通信機器メーカーの機器同士をつなぐ標準規格の整備がここ数年で進み、日本勢が海外市場に入り込む余地が広がっている。現に富士通は20年6月、米新興通信キャリアに納入する5G基地局の大規模案件を勝ち取った。

NECはオープンRAN推進の一環で、21年5月に楽天モバイルと提携している。5Gの基地局インフラなどを提供し、楽天独自の仮想化通信網のシステムを共同で海外展開することを目指す。

システム構築を手がけるNTTも前のめりだ。同社は20年6月、NECとの資本業務提携を発表。ＮＴＴの澤田純社長は会見で「キャリアとメーカーが新たな通信インフラを造り、世界市場を取っていく」と日本勢で連携する意義を強調した。２１年２月には傘下のＮＴＴドコモを通じ通信機器や半導体、ソフトウェアなど国内外１２社と５Ｇネットワークの海外展開で連携することも発表した。

米国務省が２０年８月、通信網からの中国勢の排除などを目的に発表した「クリーンネットワーク計画」には、ＮＴＴや楽天モバイルなど日本の通信大手がいずれも名を連ねている。通信網の輸出は、海外で存在感の薄かった日本の通信業界全体にとって、千載一遇のチャンスである。

（中川雅博）

【アパレル】巨大市場と人権問題　踏み絵迫られる大手

「中国を選ぶのか、欧米を選ぶのか、踏み絵を迫られているみたいだ」。あるアパレル大手関係者は、中国・新疆ウイグル自治区で生産される綿花をめぐり、人権問題を重視する欧米と、巨大市場を抱える中国との間で板挟みになっている現状をそう嘆く。

国連食糧農業機関によると、世界の綿花生産量の約28％を中国が占め、そのうちウイグル自治区で生産される「新疆綿」は8～9割とされる。

新疆綿に関しては、中国当局が少数民族のウイグル族を強制的に綿摘みなどの労働に従事させていると、国際NGO（非政府組織）などが指摘している。企業活動において環境や人権問題を重視する欧米からの批判が高まる一方、ウイグル問題に懸念を表明したスウェーデンのアパレル大手「H＆M」の不買運動が中国国内で起きるなど、中国側も反発を強めている。

その対立構造に日系のアパレル大手企業も巻き込まれている。ファーストリテイリングが展開する「ユニクロ」の男性用シャツが、2021年1月に米当局から輸入を差し止められていたことが判明。同社は「中国以外で生産された綿を中国の工場で縫製した」と説明するが、米当局からは強制労働を主導するとされる組織が生産に関係していると疑われた。

柳井正会長兼社長はウイグル問題について、同4月の決算会見で「ノーコメント」

と繰り返した。「無印良品」を展開する良品計画は「サプライチェーンを慎重かつ広範に調査した結果、現時点では重大な問題点は確認できていない」として新疆綿の継続使用を表明した一方、4月の会見で松崎曉社長は詳細な言及を避けた。

各社が慎重な対応を取るのは、人口14億人の巨大マーケットを持つ中国を無視できないからだ。ファストリの2020年8月期は、中国事業（香港・台湾含む）がユニクロの売り上げの3割弱を占める。21年5月末時点で中国のユニクロの店舗数（818店）が日本国内（810店）を初めて抜いた。良品計画も中国事業の売上高は全体の2割程度に上る。

各社の対応について、ESG投資を専門とする高崎経済大学の水口剛学長は「『中国と友好的な関係をつくりたいが、ウイグルに関しては懸念を持っている』と示すのが正しいあり方。ただ、実際にそうすると中国では当面ビジネスができなくなる可能性があり、現実的には難しいだろう」と話す。

スポーツ用品大手のミズノはすでに新疆綿の使用を見合わせる方針を明らかにしているが、あくまでレアケース。「労働環境などに問題があると確認されれば使用を中止するが、原材料の産地まで確認するのは難しい」（ワールド）などとして、現時点で大半のアパレル大手に目立った動きは見られない。当面は欧米機関投資家の動向をにらみつつ、様子見の展開が続きそうだ。

（岸本桂司）

【資源】資源の囲い込みで揺れる原料炭と銅

豪中関係の悪化という地政学リスクが日系商社の業績にも影響を及ぼしている。大きな打撃を受けたのが三菱商事の原料炭事業だ。市況が大きく下落したことで、2020年度のグループ子会社の持ち分益は109億円と前期比で1割にまで急減した。

市況悪化の要因は中国政府が20年10月、豪州産石炭に対して非公式に輸入制限をかけたことにある。「いっさい、（豪州産の）石炭について通関を認めていなかった」（三菱商事の増一行CFO）ことで、豪州産原料炭の価格は、19年末には1トン当たりあった水準から一時100ドル前後にまで下落した。

中国国内でも原料炭は採掘できることから、中国にとって輸入依存度の低い原料炭が標的となった。並行して、中国の製鉄会社は調達先を他国に変更。その影響を受けて北米などの供給元で需給が逼迫し、豪州産原料炭価格は足元170ドル弱にまで回復している。

豪中両国の関係は16年から悪化の一途をたどり、中国企業による豪州内へのインフラ関連投資を警戒する声が強まった。対立が決定的になったのは20年4月、豪州が新型コロナウイルスに関し中国における独立調査の実施を世界保健機関（WHO）に要求したためだとされる。三井物産戦略研究所の岡野陽二主任研究員は、「豪中関係は過去最悪の状態から改善を見せていない」と指摘する。

中国の動きとは別に、資源ナショナリズムの高まりにも要注意だ。世界の銅生産量で6割強を占めるペルーとチリ。6月6日に投票が行われたペルーの大統領選挙で、急進左派の候補が鉱山の国有化や外資企業と自国における鉱業の利益配分見直しなどを主張し、国民から広い支持を得た（急進左派のペドロ・カスティジョ氏が当選）。チリでも5月に、銅価格に対し累進税率を課す改正法案が下院を通過した。

影響を受けかねないのが、ペルーやチリに銅鉱山の権益を持つ住友金属鉱山だ。同社の野崎明社長は「日本企業もかなり関係しているため、業界団体である日本鉱業協会を中心に情報収集や対応について考えている」と説明する。

石油天然ガス・金属鉱物資源機構の小口朋恵氏は「今後両国が現実路線に戻る可能性もあり、影響を見極めるには時間が必要」と指摘する。世界で広まる自国優先主義の動きに関し、日本の資源関連会社も行方を注視する必要がある。

（大塚隆史、並木厚憲）

専門部署設置でリスク管理

三菱電機、デンソー、パナ

経営の重要課題になりつつある経済安保へ対応するため、専門の体制を敷く動きが生まれている。

三菱電機は2020年10月、「経済安全保障統括室」を新設した。役割は、各部署が調達や開発を行う際の情報収集とリスク分析だ。半導体や電力といった事業部のほか、法務など間接部門からも社員を集めた。今までも各事業部門がそれぞれ輸出入手続きやサプライチェーン管理の業務を担ってきた。ところが、米国が国防権限法で中国ファーウェイ製通信機器の政府調達の禁止を決めた18年以降、複雑化する業務に従来のやり方では限界が来ているとの危機感が高まってきたという。

連携する窓口を含めると、担当者はグループで1000人以上に及ぶ。伊藤隆室長は「情報を共有するルートはできたので、これからは司令塔としての統括室が横串を通していきたい」と話す。

経産省出身者がトップ

同様の動きは他社でも起きている。デンソーは21年1月に「経済安全保障室」を設置した。「サプライチェーンのあり方などを整理していきたい。ガイドラインや仕組みをつくって、全社のサポート役になるのが目的だ」（経済安保を統括する横尾英博・経営役員）という。

パナソニックも、経済安保や環境問題などの近年顕在化し始めたテーマに対応する「パナソニック総研」を4月に立ち上げた。公的機関や専門研究機関と連携しながら、情報収集や分析、調査分析リポートの発行などを行う。

政治や外交が関わるテーマのためか、これら3社の当該部門トップは、いずれも経済産業省出身者が務める。デンソーの横尾氏はこの点について、「過去の通商政策で行った海外との交渉経験などが生きると思う」と話す。見方によっては「新たな天下りポジション」なだけに、新設部署には目に見える具体的な成果も求められそうだ。

（高橋玲央）

「経営者は感度を上げるべきだ」

経済同友会　副代表幹事／国際問題委員会　委員長（ＪＳＲ名誉会長）・小柴満信

地政学や地経学の動向を踏まえて先端技術をいかに取り扱うかが、日本企業にとっても極めて重要なテーマになっている。具体的な指針を示すため、経済同友会の国際問題委員長として、２０２１年４月に経済安全保障に関する提言をまとめた。

地政学リスクの分析を行う米ユーラシアグループは、「地政学こそボードイシュー（取締役会の重要事項）」と指摘しているが、まさにそのとおりだ。改訂版のコーポレートガバナンス・コードには、まだこうした要素が含まれていないが、日本の経営者は経済安保に関して、もっと感度を高めるべきではないか。

当社が関係する半導体材料業界では、２０１９年に痛い思いをしている。日本政府が関連する3品目について韓国への輸出管理を厳格化し、そのうちの１つである日本製のフッ化水素は売り上げの6割を失った。まさに青天の霹靂で、政府へのロビー活動やルールメイキングに関わることの重要性を痛感した。

参考になるのは、自社で投資している英国の技術系スタートアップだ。情報機関出身者が経営に関与し、機微情報を含めてリスクを管理する。詳細は明らかにできないが、彼らの事例を参考にしながら体制づくりをJSR本体でも始めている。これまでのようにのんびりとしたグローバリゼーションの時代ではない、という危機感を持っている。

経済同友会メンバーの研究テーマとして、長期的な歴史循環の流れや、先端技術が国家や社会に与える影響などについて議論するつもりだ。日本は経営トップを含め、残念ながら内向き志向だと感じる。もっと世の中の動きにセンシティブになり、この問題に取り組まねばと考えている。

（構成・二階堂遼馬）

小柴満信（こしば・みつのぶ）
1981年日本合成ゴム（現JSR）入社。社長、会長を経て21年から名誉会長。

「自由貿易と別のルールが出てきた」

三菱電機　常務執行役・日下部　聡

三菱電機では2020年10月に経済安全保障統括室を立ち上げた。17年のトランプ政権発足後、米国は5Gなど先端技術の領域で明確に中国への対抗意識を持って経済安全保障上のルール形成に取り組むようになった。機微技術や先端技術については、これまでの自由貿易のルールとは別のルールが形成されつつあると感じる。組織立ち上げの背景にはそうした危機意識がある。

米国は輸出管理だけではなく開発や調達、安全規制、データ管理といったありとあらゆる分野を総動員しながら技術覇権を維持しようとしている。加えて、それらのルール形成の過程も不透明だ。米中が対立する中で、欧州や日本を含め各国が自国の利益を追求しルール形成している。

（私がいた）経済産業省は民間に経済安全保障の責任部局をつくるように働きかけをしていた。一方で、企業の現場からも、中国ファーウェイへの輸出規制などについて不安が聞かれるようになっていた。

これまで当社は、輸出管理や調達管理、安全規制には各部署で対応していた。だが、今のマーケットで成長機会をつかむには、世界情勢を正しく理解したうえでリスクを回避し、対応するバリューチェーンをどう築くかという課題に取り組む必要がある。経済安全保障統括室は、事業間を横断する施策だ。

争点になるのは先端技術なので、極端にいうとそうしたビジネスをやめてしまえば問題は起きない。だが、テクノロジー企業にとって先端技術にコミットしていくのは原点。ならばルール形成の最新事情をフォローして、場合によっては政策資源（ルール形成の支援や財政措置）の投入も求める。そうしたことは避けられない。

（構成・高橋玲央）

日下部　聡（くさかべ・さとし）
元資源エネルギー庁長官。2019年三菱電機顧問、20年から現職。輸出管理や知的財産を担当。

半導体支援の落とし穴

「失われた30年の反省と足元の地政学的変化を踏まえ大きく政策転換を図る。半導体は今後のグリーンデジタル、自動車への応用を含めて重要になってくる。研究開発と国内製造基盤を強化していかないといけない」

経済産業省は21年6月4日、「半導体・デジタル産業戦略」を発表した。目玉となる半導体産業の強化について、梶山弘志経産相は国を挙げて取り組む姿勢を示した。同戦略では、「産業政策の新機軸」をうたい文句に、大規模な財政支出にも意欲を示す。

呼応するかのように、その直前、自民党は5月21日に「半導体戦略推進議員連盟」を立ち上げた。会長に甘利明・党税制調査会長、最高顧問に安倍晋三首相と麻生太郎財務相が並ぶ布陣で、政府による「前例のない異次元の支援」を求める決議を行った。

5月18日には電機産業の業界団体である電子情報技術産業協会（JEITA）も半導体産業への政府支援を求める提言を発表。「国家安全保障の観点から主要国・地域が進める半導体産業の維持、強化に日本が出遅れることのないよう、それら主要国・地域の補助金に比肩する支援をお願いしたい」とぶち上げる。

政官民一体での半導体産業への支援を求める大合唱が起きている。だが、国家戦略として、半導体に巨額の資金を投じようとしているのは日本だけではない。

米国では半導体の生産・開発に520億ドル（約5・7兆円）を補助する予算が上院で可決。中国は中央・地方合わせて10兆円超を半導体産業の育成に投じる方針。欧州、台湾、韓国でも政府による半導体産業への支援策を打ち出している。

半導体は5G、ビッグデータ、AI（人工知能）など成長分野であるデジタル産業の基盤であり、米中対立が激化する中、軍事力にも直結する重要性が再認識されているからだ。世界的な半導体不足もこの流れに拍車をかける。

支援政策は失敗の歴史

その肝心要の半導体で、かつて世界を席巻した日本の地盤沈下は著しい。世界の半導体に占める日本のシェアは１９８８年の５０％超から２０１９年の１０％まで低下。半導体企業ランキングで８９年には日本勢が1位から3位までを独占、１０位以内に計6社が入っていたものが、２０年にはキオクシアホールディングス（旧東芝メモリ）が9位に入るのみとなっている。

これまで日の丸半導体の凋落を押しとどめようと、数多くの国家プロジェクトが組成されたが成果は出なかった。２０００年代には国の旗振りで業界再編を進めたが、ＤＲＡＭのエルピーダメモリは経営破綻、マイコンなどロジックをまとめたルネサスエレクトロニクスも存在感は低いまま。そのため経産省らの前のめりの姿勢に業界関係者からは「失敗を繰り返すだけ」「もはや手遅れ」という声も多い。

経産省が新たにまとめた半導体戦略は今度こそ実を結ぶのか。８３枚に及ぶ資料は現状から「日の丸半導体凋落の主要因」、強化の方向性まで作文としてはよくまとまっている反面、そのはしゃぎぶりに危うさも感じられる。

真っ先に掲げている台湾積体電路製造（ＴＳＭＣ）を念頭に置いた先端ロジック半導体工場の誘致がその典型だ。ＴＳＭＣは半導体の製造受託（ファウンドリー）最大手で、半導体の性能を決める微細化技術で米インテルや韓国サムスン電子も上回る。半導体関連企業として時価総額はぶっちぎりのトップである。

■世界の大手とは大きな差 —世界と日本の主な半導体関連企業—

		売上高(兆円)	時価総額(兆円)	特色
半導体メーカー	インテル	8.54	25.28	PC、サーバー用CPUで高シェア。新CEOの下、投資を強化
半導体メーカー	サムスン電子	7.18*	47.42	メモリー半導体の王者。他社買収にも意欲
半導体メーカー	TSMC	5.21	66.72	受託製造最大手。最先端工程で圧倒的
半導体メーカー	ブロードコム	2.60	21.13	通信用半導体大手。工場を持たないファブレス経営
半導体メーカー	エヌビディア	1.82	44.33	画像処理半導体、GPUで急成長するファブレス企業
半導体メーカー	キオクシアHD	1.17	3兆円で買収観測	旧東芝メモリ。NANDフラッシュで世界シェア2位
半導体メーカー	ソニーグループ	1.01*	13.65	CMOSイメージセンサーで世界シェア5割強。スマホ向け圧倒的
半導体メーカー	ルネサスエレクトロニクス	0.71	1.99	車載用マイコン首位。アナログ・パワー半導体強化
半導体製造装置メーカー	アプライドマテリアルズ	1.88	13.89	幅広い製品を扱う製造装置最大手。かつて東京エレクトロンと合併構想も
半導体製造装置メーカー	ASML	1.87	30.63	EUV露光装置を独占。ライバルのキヤノン、ニコンを引き離す
半導体製造装置メーカー	ラムリサーチ	1.09	10.14	エッチング装置で高シェア。そのほかの前工程装置も手がける
半導体製造装置メーカー	東京エレクトロン	1.39	7.65	コーター・デベロッパーで高いシェア。洗浄装置や成膜装置で攻勢
半導体製造装置メーカー	SCREEN HD	0.32	0.53	ウェハー洗浄装置が強い。滋賀県彦根市に新工場建設
半導体製造装置メーカー	アドバンテスト	0.31	1.96	M&Aで規模拡大。半導体検査装置で5割強のシェア

日系大手でも売上高、時価総額では世界に劣後

強いといわれる製造装置も売上高1兆円超は東京エレクトロンのみ

(注)売上高は直近会計年度、時価総額は5月末時点。*は半導体関連のみの売上高。HDはホールディングスの略
(出所)各社決算資料などを基に東洋経済作成

現在の最先端、回路線幅5ナノメートルの半導体の大半はTSMCの台湾工場で造られている。経済安保の観点から、TSMCの最先端工場を日本に誘致できれば大きな成果となることは間違いない。

ただし、最先端半導体の量産工場となれば兆円単位の投資が必要。それを誘致するだけの財政支援が日本にできるのか。また、半導体戦略では2ナノメートルより先の次世代微細化技術にも色気を示している。そうなると誇大妄想に近い。

そもそも「日本には最先端半導体の顧客がいないのでTSMCが先端工場を造るメリットはない」と半導体業界を長年見てきた機械振興協会の井上弘基氏は断言する。アップル、エヌビディア、クアルコムなど多数の顧客を持つ米国がTSMCの先端工場をアリゾナ州に誘致、着工したばかりだ。「夢物語のTSMC誘致にリソースを費やす余裕などない」(井上氏)。

TSMCについては、後工程と呼ばれる領域で3次元実装の共同研究が決まっている。日本が強みを有する半導体製造装置や素材のメーカーと協力し、日本政府も総事業費370億円の半分を拠出する。TSMCはソニーグループ向けの工場計画も検討中だ。これは20ナノメートル台の半導体用だが、今の日本の実力ならこの程度が現実的だ。

センサーやアナログ、メモリーなどの強化策も半導体戦略では触れられている。最先端ファウンドリーの誘致といったない物ねだりをするよりも、少しでも勝算がある領域に力を入れたほうがいい。

半導体業界に詳しい英調査会社オムディアの南川明氏は「電子部品や小型モーターなど日本が強い領域はまだある。日本政府が支援するなら、半導体とそれらを組み合わせたモジュール化だ」とアドバイスする。いずれにしろ米中韓と真っ向勝負をする必要はない。

「三等国」になる危機感

「半導体の衰退を放置すれば、日本は三等国になってしまう」。半導体関係者だけではなく、大物財界人や自動車会社元トップからもそうしたせりふを聞く。産業競争力

と安全保障の両面から、強い半導体産業は不可欠。国として支援を行う必要がある

――そうした認識はおそらく正しい。

ただし、これまで国が口を出してうまくいかなかったことは、歴史が証明している。それでも税金を投じるならば、その後どのように運営していくのかの説明責任や、手続きの透明性は無視できない。関与を間違えれば、「異次元の支援」は、異次元の失敗を生むことになる。

（高橋玲央、山田雄大）

レアアース入手難の深刻

三菱UFJリサーチ&コンサルティング 持続可能社会部部長
上席主任研究員・清水孝太郎

使われる量はわずかながら、経済活動に与える影響が大きいレアアース。クリティカルマテリアル(重要物質)とも呼ばれ、企業の先端技術開発に欠かせない存在となっている。そのレアアースの調達が、米中対立の影響を受ける可能性がある。

2020年9月、中国政府は「信頼できないエンティティーリスト規定」を施行し、同年12月に「輸出管理法」を施行した。信頼できないエンティティーリスト規定では、中国に危害を及ぼすおそれがある企業として指定されると、中国と関係のある輸出入や中国国内での投資、関係者などの中国入国が制限または禁止される。米国政府が輸出管理改革法（ＥＣＲＡ）と輸出管理規則（ＥＡＲ）に基づき、１９年１２月から主な中国企業を輸出規制対象に含めたことへの対抗措置とされている。

問題は、その指定基準が外からよく見えないことだ。米国の法令に従っていたら、知らぬ間に中国の法令に抵触し、中国との貿易ができなくなってしまうおそれがある。とりわけ日本企業にとって懸念されているのは、レアアースをはじめとする原料などの調達に影響が及ぶことだ。国別の鉱石生産量で見ると中国は7割強を占め、１７種類あるレアアースのうち、とくに希少性の高い中・重希土類の生産は実質中国に限られる。テルビウムやジスプロシウムといった原料が手に入らなくなると、日本の自動車メーカーや家電メーカーなどの生産にとって死活問題になる可能性がある。

輸出管理法では、軍需品や原子力関連技術・製品と軍事転用できる民生の技術・製品の輸出が政府の許可制になる。今のところ、このリストにレアアースなどの資源は含まれないが、軍事的潜在能力の引き上げに役立つ物資・技術であると判断されれば、同じく規制対象になる可能性がある。

同法においても、管理対象品目がこの先どうなるかは不透明だ。レアアースを含め、中国の原産品を一定割合以上使っている製品に再輸出規制がかかれば、信頼できないエンティティーリスト規定と同様、日本企業の受ける影響は少なくないだろう。

脱・中国化は一定の進展

レアアースの用途は多彩だ。ハイブリッド車やハードディスク、高性能エアコンなどに用いられるモーター用磁石、スマートフォンやデジタルカメラに用いられる高性能レンズなど、現代生活に欠かせない製品のほとんどがレアアースを原料としている。消費者向け以外では医療・工業・軍事用途のレーザー発振器が挙げられる。

生産量少ない中・重希土類に不足の懸念 —レアアースの主な元素別用途—

	軽希土類				中・重希土類			
元素名	ランタン	セリウム	プラセオジム	ネオジム	ユウロピウム	テルビウム	ジスプロシウム	イットリウム
自動車	燃料生産（触媒）	排ガス処理（触媒）	電気自動車・ハイブリッド車（モーター）			電気自動車・ハイブリッド車（モーター）		
スマートフォン	微細カメラ（レンズ）		バイブレーター（モーター）				バイブレーター（モーター）	
パソコン・テレビ		モニター（研磨剤）	ハードディスク（ボイスコイルモーター）		モニター（蛍光体）		ハードディスク（ボイスコイルモーター）	
エアコン・冷蔵庫			コンプレッサー（モーター）				コンプレッサー（モーター）	
レーザー（医療・工業・軍事）				レーザー発振器（媒質）				レーザー発振器（媒質）

（出所）筆者作成

潜在的用途として、フロンを用いない高エネルギー効率の冷凍・冷房装置や二酸化炭素と水から樹脂原料を作り出す人工光合成向け触媒などがあり、環境対策にとっても重要な資源となっている。

ただし、日本もレアアース調達の脱・中国化を戦略的に進めている。2009年ごろまでレアアース調達の9割弱を中国からの輸入に頼っていたが、現在では5割強に低下した。これは2010年から豪州、マレーシアなどにおける新たな鉱山や分離・精製工場に対し、日本政府主導で出資や融資ができるようになったことが大きい。2020年6月には、石油天然ガス・金属鉱物資源機構（JOGMEC）法が改正され、中流工程である金属鉱物の選鉱・製錬単独事業などに対するリスクマネー支援業務も、同機構の新たな機能として追加された。

米国では日本の政府支援策を見習い、JOGMECと同様の機能を強化していくべきだとの声があるという。豪レアアース生産大手のライナスが20年代半ばに米テキサス州で工場を稼働させる計画を進めている。豪州でレアアース鉱石を採掘し、テキサスで分離・精製を行うという仕組みだ。

一方で日本も、鉱石供給体制の再構築を進めるだけでは十分とはいえない。レアアースのサプライチェーン多様化でカギとなるのが、金属や合金の生産といったサプライチェーン中流域における技術や設備を国内に有しておくことだ。中国企業以外にこうした技術や設備を持つ企業は、世界でも三徳、昭和電工、信越化学工業に限定される。日本政府はこうした技術や設備の維持も意識する必要がある。

試金石は新たな用途開発

適切な需給のコントロールも欠かせない。中国への一極集中が問題視されるレアアースだが、一方で軽希土類を中心にしばしば供給過剰が問題になっている。安定的かつ確実な需要を確保しながらの鉱山開発は容易ではないため、レアアース鉱山の採算性は悪化しやすく、事業中止に陥るケースが世界で後を絶たない。レアアース市場の規模は小さいため、新規鉱山の開発には、新たな用途開発の動きも念頭に置く必要がある。

供給リスクの高い元素の開発は控えればいいという見方もあるかもしれないが、長い目で見ると関連する産業や研究開発の衰退につながってしまう。今日主流となっているレアアース関連技術の多くは、日本生まれである。しかし、1982年に佐川眞人博士らがネオジム磁石を開発して以降、大きなヒット製品は出ていない。

日本が培ってきた技術を維持し発展させていくことは、今後の産業競争力を向上させるだけではなく、次世代に向けた資源戦略の新たな地平を開くものだ。経済安全保障の一環でレアアースの重要性が見直されている今こそ、調達と用途開発のあり方をセットで考えた戦略が求められている。

清水孝太郎（しみず・こうたろう）
2002年、早稲田大学大学院理工学研究科修了後、UFJ総合研究所（現・三菱UFJリサーチ&コンサルティング）入社。19年から国際希土類工業協会副会長。

中国での業務委託リスクが露呈

信頼を失ったLINEの教訓

国内で8000万人以上のユーザーを抱えるコミュニケーションアプリのLINE。Zホールディングス（HD）との経営統合が完了した直後の2021年3月中旬、中国の関連会社や業務委託先が日本のユーザーの個人情報にアクセスできる業務をしていたことが明らかになった。

「ユーザーの皆様にご心配とご迷惑をおかけしており、心からお詫び申し上げたい」。LINEの出澤剛社長は3月23日の会見で謝罪した。同社は2016年から中国・大連の関連会社や現地の業務委託先に対し、一部の業務システムやサービスの開発およびコンテンツの監視業務を任せてきた。これにより、日本における利用者の個人情報やメッセージの内容が閲覧可能な状態にあった。

中国への業務委託そのものは、日本の個人情報保護法に抵触はしない。ただ、中国では17年に施行された国家情報法において、民間企業に国家の情報収集への協力を義務づけている。ＬＩＮＥ上の個人情報が中国当局の手に渡ることへの不安や懸念の声が高まり、同社は謝罪に追い込まれた。「国家情報法施行後の潮目の変化を見落としていた。ユーザーへの配慮が足りなかった」（出澤社長）。

会見を行った当日、日本ユーザーの個人情報に対して中国からのアクセス権限を完全に停止。ＬＩＮＥのコミュニケーションサービスに関連する中国での業務はすべて終了した。4月23日には個人情報保護委員会、同26日には総務省が、ＬＩＮＥに対し安全管理などに関する行政指導を行っている。

社内体制に問題との声

今回の問題が社内で発覚した契機は、経営統合作業中の21年1月下旬、ＺＨＤの元に入った外部からの指摘だった。その後、親会社となったＺＨＤはＬＩＮＥのデータの取り扱いについて外部有識者が議論する特別委員会を設置。2カ月以上にわたる議論を経て、6月11日に第1次報告書を公表した。

公表当日に開いた会見で座長の東京大学大学院法学政治学研究科・宍戸常寿教授は、「中国で国家情報法が制定された際に、LINEの開発や業務委託の体制に及ぼす影響を問題視する声が社内で上がらなかったことが問題」と指摘。委員会内では、「開発・保守体制が中国に移管された時期は国家情報法が議論されていたさなかであり、不適切だった」「経済安全保障に関する懸念が持ち上がるような社内の感度や体制の整備が必要だった」など厳しい声が相次ぎ上がったという。

特別委のメンバーである英知法律事務所の森亮二弁護士は、「LINEは学校教育にも使われるなど、利用者にとってほかの選択肢がないほど国民的なアプリになっている。それだけの責任と自覚を持ってもらいたい」と本誌の取材に対して語った。

中国への業務委託以外でも、LINEは説明責任を怠っていた。従来のプライバシーポリシーでは「第三国」としか明記されていなかったが、日本のユーザーの画像や動画、一部の決済情報などが、十分な説明がないまま韓国のサーバーに移転されていたのだ。

中国と違い、韓国におけるデータの保存は、法的に流用されるリスクがあるわけではない。ただ、あるIT系シンクタンクの幹部は、「日本政府が19年に韓国を（軍事転用のおそれが低いとされ、製品を自由に輸出できる）『ホワイト国』の対象から外して以降、韓国に対する政府の見方は変わってきている」と話す。自民党のルール形成戦略議員連盟で会長を務める甘利明・税制調査会長は、「韓国の現政権であれば中国にもデータが抜けてしまうという不安がある」と主張する。

LINE側が不信を助長する発言をしていることも明らかになった。同社の公共政策部門はこれまで政府や自治体などに対する説明で、「主要な個人情報は国内に保管」「主要なサーバーは日本国内にある」のように、「主要な」という言い方に終始していたのだ。

中国からのアクセスについてLINEは、米NIST（国立標準技術研究所）が定める世界で最も厳しいものとして知られるセキュリティー基準に準拠する準備を始めた。特別委の川口洋・技術検証部会座長は、「サービスの源泉である開発エンジニアがあらぬ疑いをかけられぬよう、アクセス記録や監査の仕組みが必須だ」と強調する。データの保存先については、プライバシーポリシーを改定したうえで、2024年までに日本のユーザーや顧客企業のデータをすべて国内に移転するとしている。

■ **問題は年初に発覚していた** ―データ管理不備発覚の経緯―

1月下旬	**Z HDの元に、外部から中国のデータアクセスなどに関する指摘が入る**
2月上旬	Z HDの調査部門が公開情報を基に調査を行い、LINEの中国子会社の求人情報に書かれた業務内容から、日本の個人情報へのアクセスがある可能性を認識
2～3月	中国拠点からの日本の個人情報へのアクセス管理を強化
3月上旬	中国拠点で日本国内向けサービスの開発を行う中で、国内の個人情報にアクセスしていたとLINE側がZ HDに報告
3月17日	**朝日新聞がLINEの中国拠点の技術者らが日本の個人情報にアクセスできる状態にあったことを報道**
19日	政府の個人情報保護委員会がLINEに報告を求める
23日	出澤剛社長らが記者会見、データ管理体制の不備について謝罪
	Z HDの主宰でLINEにおけるデータの取り扱いを外部有識者が議論する特別委員会の第1回を開催
	個人情報保護委員会に個人情報の取り扱いに関する報告書を提出
31日	国内ユーザーを対象としたプライバシーポリシーを改定。海外からのアクセスやデータ移転について、国名や関連業務などを明示
4月23日	**個人情報保護委員会がLINEに行政指導**
26日	総務省がLINEに行政指導
5月31日	トップ2人が役員報酬の月額30%を6～8月の3カ月にわたって返上すると発表
6月11日	**特別委が第1次報告書を提出**

(注)HDはホールディングスの略　(出所)公表資料や報道を基に東洋経済作成

サーバー国産化の機運

一方で、データの国内移転には数百億円単位の費用がかかるとされる。大規模なネットサービスの場合、複数国のデータセンターにデータを分散して保管するのが主流だが、「経済合理性とユーザーの信頼のバランスを取るのは難しい」(特別委の宍戸座長)。

これはＬＩＮＥに限らず、多くの日本企業に突きつけられた課題だ。決済事業者向けにクラウド型セキュリティーサービスを提供するリンクの滝村享嗣・セキュリティープラットフォーム事業部長は、「ＬＩＮＥの件を受け、顧客企業からデータセンターやネットワークの事業者はすべて国内なのか、という問い合わせが来ている」と話す。とりわけ高いセキュリティー水準が求められる金融業界では、「データ管理の実態を把握しておきたいという問題意識が高まっている」(滝村氏)という。

そこで問題となるのがサーバーの移転コストだ。公共政策コンサルティング会社・マカイラの鈴木瞳執行役員は「政府などでは国産のデータセンターを増強すべきだという声が上がっている。顧客の国産ニーズが高まる可能性があり、今後の予算措置を含めて、事業者はこの動向を見極めた経営判断が求められる」と話す。

データの保存先については、LINEの事案発覚以降、金融や通信大手も利用者の個人情報を中国や香港に置いていることが各所で報じられた。「以前はデータをどこに置いてもいいという風潮があったが、考え直す時期に来ている」と、阿達雅志・首相補佐官（経済・外交担当）は説明する。

データを国内に置けば必ず安全というわけでもない。システムの運用代行を手がけるアールワークスの佐藤淳一取締役は「アクセス権限やネットワークの設定など運用のルールを綿密に作らなければ、たとえサーバーが国内にあっても安全性を担保できない」と話す。LINEの事例を教訓に、宝にも致命傷にもなるデータの取り扱いについて、企業はいま一度考え直す局面に来ているのかもしれない。

（中川雅博、二階堂遼馬）

外為法すり抜けた楽天の責任

「何をそんなに大騒ぎしているのか、まったく意味がわからない」。2021年4月、楽天グループの三木谷浩史会長兼社長は報道陣を前に不満げに語った。

楽天は3月12日、第三者割当増資で総額2423億円を資金調達すると発表した。引受先は金額順に日本郵政グループ、中国のネット大手・テンセント、米ウォルマート、三木谷氏の親族が並ぶ。「大騒ぎ」の発端となったのが、テンセントによる楽天への出資だ。今回の増資でテンセントは投資持ち株会社を通じ、楽天株式の3・65%を取得した。

■ 中国テンセントが大型出資
—3月に実施した資金調達—

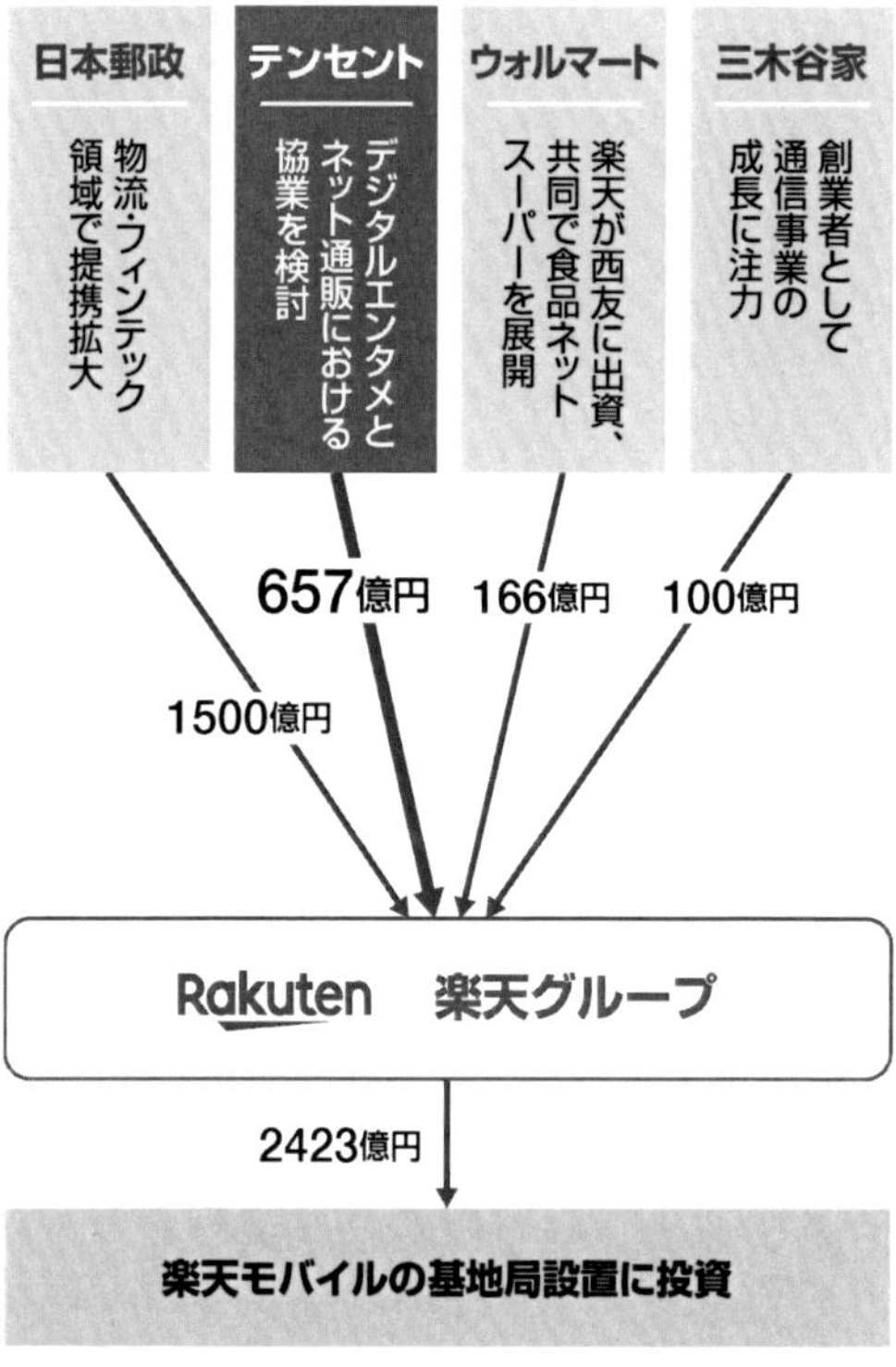

（出所）楽天グループ投資家向け資料を基に東洋経済作成

これを問題視したのが日本政府だ。20年5月に施行された改正外為法では、外国人投資家が安全保障上、重要な企業に出資する場合に事前審査の対象となる出資比率を従来の10%以上から1%以上に厳格化していた。外為法は日本政府が安全保障などの観点から、外国人投資家による株式取得を規制する法律だ。ただ、改正外為法では外国企業が役員を派遣せず、非公開の技術情報にアクセスしないなどといった条件を満たせば、事前審査を免除する規定がある。テンセントによる楽天への出資は、この例外規定に当たるため事前審査が行われなかった。

一方、テンセントは世界の月間利用者12億人を擁するメッセンジャーアプリ「ウィーチャット」を手がける巨大ITプラットフォーマーだ。トランプ米前大統領は20年8月にウィーチャットの利用を禁止する大統領令に署名しており(その後バイデン米大統領が撤回)、日本の政府内でも安保リスクを懸念する声があったとみられる。改正外為法をまとめた政府は隙を突かれた格好となり、最終的には、日米両政府が楽天を共同で監視する方針と伝えられた。

米政府機関が行方を注視

楽天側はテンセントの出資は業務提携を前提としない純投資だと説明するが、それは当初の発表内容と矛盾する。増資発表の当初、「テンセントグループとの協業を通じたサービスの充実を目指す」と言及しているからだ。

外為法に詳しい明星大学の細川昌彦教授は、「中国の国家情報法は国民や企業に中国共産党への情報提供を求めている。日本の膨大な顧客データを持つ楽天がテンセントと連携する経済安保上のリスクは大きく、事前審査の例外規定が幅広い外為法の抜け穴は早急に埋めるべきだ」と指摘する。

米政府の懸念も高まっている。楽天は、傘下の通信子会社が中国勢の排除などを目的とした米政府主導の通信網プロジェクトに参加しており、テンセントによる出資はプロジェクトの趣旨に反する。米ソフトウェア企業にも出資しており、これについて今後は、米国企業への外資出資を監視する対米外国投資委員会（ＣＦＩＵＳ）が問題視する可能性がある。

「日本の規制当局が今後、ＣＦＩＵＳと協力して情報共有することもあるだろう」と、ある政府関係者は語る。楽天は、日本の顧客データや公共の通信網を取り扱う社会的企業としての説明責任が問われている。

（中川雅博）

積水化学、ソフトバンクなどで社員逮捕

産業スパイにご用心

経済安全保障の重要性が高まる中、日本企業からの情報流出が後を絶たない。

2018年11月、電子通信器機製造販売の川島製作所で元役員の情報漏洩が発覚。翌19年6月には、電子部品製造会社・NISSHAで営業秘密を抜き取り、中国企業に転職した元社員が逮捕された。その後元社員には実刑判決が下っている。さらに20年1月、ソフトバンク元社員が報酬の見返りにロシア元外交官に情報を渡したとして逮捕され、有罪判決を受けた。同10月には積水化学工業の元社員がSNSで中国企業と接点を持ち、情報漏洩事件に発展している。

情報処理推進機構が20年に行った調査によれば、中途退職者による漏洩は36・3%と、4年前に比べ増えている。ソフトバンクでは事件以降、退職予定者の端末から社内情報へのアクセスを制限し、端末操作の監視を強化。全役員・全社員にセキュリティー研修を毎年実施し、未受講者にはアカウントの停止や重要情報へのアクセスの遮断を行った。

■**標的にされる日本企業** —国内の主な直近事例—

発覚時期	被害企業・機関	概要
2018年11月	川島製作所	光ファイバーの測定器設計図面を同社元役員が香港の取引先役員にメール送信。取引先役員は漏洩された図面を基に中国で新たな図面を作製。**海外重罰規定が初適用され、取引先役員が起訴・追送検**。元役員は起訴
19年6月	NISSHA	技術系管理職の元社員がタッチセンサーに関する設備仕様書のデータを複製し、中国企業に転職。データの画像を競合他社に送信。**21年3月に京都地裁で実刑判決**
20年1月	ソフトバンク	在日ロシア通商代表部元代表代理の求めに応じ、同社元社員が社用PCから社内サーバーに接続し、基地局構築の作業手順書などを不正取得。**東京地裁が執行猶予付きの有罪判決**
10月	積水化学工業	同社元社員がスマホタッチパネルに使われる「導電性微粒子」の技術を中国・潮州三環グループにメールで送信。中国企業は、SNS「リンクトイン」を通じて元社員に接触し接待を重ねる。解雇後、別の中国企業に転職。**大阪地検が在宅起訴**
21年4月	JAXAなど	JAXAなど約200の研究機関に対して行われたサイバー攻撃に関与したとして警視庁が**中国共産党員の男を書類送検**。PC管理ソフト「スカイシー」の脆弱性を突かれる。警察庁長官が中国人民解放軍の関与可能性を指摘

(出所)公安調査庁資料や各種報道を基に東洋経済作成

日本大学危機管理学部の小谷賢教授は「民間でもセキュリティークリアランスを導入しなければ、内部不正は防げない。欧米企業との共同開発から日本企業が締め出されることになりかねない」と指摘する。セキュリティークリアランスとは、日本でいえば一部の国家公務員に課される「秘密取扱者適格性確認」のことで、欧米では民間でも一般的だ。海外企業と共同開発を進める一部の日本企業は、民間にもこの制度を導入するよう政府に働きかけている。だが、借金の状況や親族の個人情報などを詳細に記入する「身上明細書」が日本弁護士連合会に問題視されるなど、導入は依然ハードルが高い。

前面に出る公安調査庁

政府の側でスパイ対策に力が入るのは公安調査庁だ。20年4月に内閣官房の国家安全保障局に経済班が設置されたが、経済安保に特化して情報収集・分析している官庁はない。前出の小谷教授は「人員の余力、分析能力から公安調査庁が適任ではないか」と話す。かつて公安調査庁は過激派の衰退やオウム真理教事件の終結とともに「法務省の盲腸」ともいわれたが、21年2月に長官・次長直轄のプロジェクトチームが発足し、経済安保の盛り上がりを機に今後はチーム職員の増員などを図る。

6月7日、全国局長・事務所長会議で和田雅樹長官は「懸念国はわが国が保有する機微な技術、データ、製品などの獲得に向けた動きを活発化させている。当庁には技術流出の実態解明や未然防止に資する情報の収集、分析が強く求められている」と語っている。

プロジェクトチームでは東京大学先端科学技術研究センターと連携を深め、先端技術の情報収集や企業への啓発活動を進めている。「専用のホームページ経由、また企業訪問の際に、スパイ行為をうかがわせる情報の提供もある」(同庁幹部)という。課題は専門知識を持った人材の確保だ。同幹部は「国家公務員の給与規定が壁となり、理想に近い人材ほど待遇面で採用が難しい」と漏らす。

人材のあり方を含め、国民の支持を得つつ法の整備を進めていく必要がありそうだ。

(森　創一郎)

経済安保なら何でもありか

自民党で経済安全保障をリードしてきたのが新国際秩序創造戦略本部(甘利明座長)だ。20年末には提言で、経済安保上の視点から強化すべき対象として、次の16分野を示した。

・資源・エネルギーの確保
・海洋開発
・食料安全保障の強化
・金融インフラの整備
・情報通信インフラの整備

・宇宙開発
・サイバーセキュリティーの強化
・リアルデータの利活用推進
・サプライチェーンの多元化・強靱化
・わが国の技術優越の確保・維持
・イノベーション力の向上
・土地取引（基地周辺の土地取引規制）
・大規模感染症への対策（ワクチン開発など）
・インフラ輸出
・国際機関を通じたルール形成への関与
・経済インテリジェンス能力の強化

特徴の1つは、新規政策に加え従来政策も安保の視点から経済安保政策として体系づけたことだ。

その1つが食料安全保障の強化。これまでも農林水産省は和牛など日本ブランドの知的財産が他国に流出しないよう管理政策を取ってきたが、安保の視点が加わることで食料安保の概念の範囲が広がった。食料について輸入が急に途絶えるリスクはないか、安定供給のためには何が必要か、といった論点を提示した。

食料安保については「輸入品からの代替が見込まれる小麦・大豆等の増産、加工食品や外食・中食向け原料の国産への切替えを進めること」が必要だと説く。

安保とは縁遠いとされてきた医療も提言に入った。提言は「医療用マスク、ガウン等の個人防護服については、物資ごとの需給動向等を踏まえ、国や自治体における備蓄を進めていく」としている。

中国、韓国に踏み込む

提言のもう1つの特徴が、特定国を具体的に挙げたことだ。

例えば海洋開発では「米中対立の先鋭化も相まって、各国がポスト・コロナの国際秩序の在り方を模索し、影響力を行使しようとしている」と米中対立に触れたうえで「わが国は（船舶は）世界第3位の建造量であるが、第1位の中国は実質的には国有企業であり、第2位の韓国では巨額の公的支援が実施され、不当な低船価が続いている」「このままでは、わが国の海上輸送や領海警備を支える船舶の建造は、他国へ依存せざるを得なくなる事態も想定される」と、他国の政策にまで踏み込んだ。

金融ではさらにストレートだ。「中国はデジタル人民元（e－CNY）発行に向けた実証実験を成功裏に終えた」とし、政府・日銀に対し「中国のe－CNYの技術仕様等を分析し、同仕様がグローバル標準になることの問題点等の特定に努めるとともに、米欧などわが国と価値観を共有する国と連携し、わが国が主導する形で戦略的に国際CBDC（中央銀行デジタル通貨）の技術標準策定を目指すべきである」と対応策を求めた。

甘利氏の右腕として新国際秩序創造戦略本部を動かしてきた山際大志郎衆議院議員は、「少し前まで、特定国を名指しすることは得策ではないと考えられていた。しかしコロナショックを経て局面が変わった。中国が、米国にも制御できないほどに伸びてきた。ここまできたら『中国はリスクだ』と表に出して議論したほうがいいという判断だ」と語る。

提言を受け、各省庁は「経済安全保障一括推進法案」を22年の通常国会に提出すべく、法案作りを急ぐ。21年5月には、より洗練された形で提言の中間報告がなされ、政府の「骨太の方針2021」（原案）にも反映された。

一方、「あらゆる分野に経済安保の視点を入れる」という提言の趣旨が、錦の御旗のように都合よく使われる例も出始めている。

その1つが、今国会で成立した土地利用規制法だ。新国際秩序創造戦略本部は「土地取引規制」について「外国人・外国法人によるわが国の土地取得においては、とりわけ水源地や防衛施設あるいは国境離島などでの土地取得などの事例を通じて、近隣住民はもとより国民の不安は増大している」とした。

法律では、自衛隊や米軍基地などの周囲を「注視区域」に指定し、政府が安保上とくに重要だとする施設の周りを「特別注視区域」とした。特別注視区域内で土地や建物を取引する際には事前に名前や住所、国籍や利用目的を届け出ることを義務づける。審査には約3カ月かかるが、許可が下りる前に取引を敢行すれば3年以下の懲役が科せられる。事前に届け出をしなくても刑事罰の対象だ。

不動産業者など日本人の経済活動にも大きな影響が出るほか、外国人を念頭に置いた安保政策としても専門家からは「意味があるのか」と疑問の声が上がっている。

軍事評論家の田岡俊次氏は、「外国人が日本で不動産を買うと、あたかもそこが外国領土になってしまうかのような錯覚が起きているが、外国人が所有者となってもそこは日本の法律が適用される日本領土。もし無許可の武器や通信機器の所持が確認されれば現行法で処罰できる」と言う。

自民党議員らが「自衛隊司令部の近くに工作員が住み、無線通信を妨害することを阻止しなければならない」と主張していることについては「一定の地点から妨害電波を出し続ければ位置はすぐに突き止められる」と指摘する。

そもそも工作活動しようとしている外国人が、住所、氏名、国籍を正直に届け出るのか。4月6日の国会では立憲民主党の屋良朝博衆議院議員が「機能阻害行為を試みようとしている人が、事前に役所に届け出るのだろうか」と問うと、答弁に立った副大臣が「悪いやつが届け出るかというと、たぶん来ないだろう」と答え、失笑が漏れた。

経済安保という大義

北海道の水源地などでは十数年前から「中国人が不動産を取得している」と一部メディアが報じ、中国や韓国に批判的な国会議員が法規制を求めていた。しかし海外で不動産を取得する日本人も多い中、国内で外国人による不動産取得に制限をかけるのは政府内にも異論があった。法律の実効性にも疑義があったことから法規制は敷かれずにきた。

長い間、法制化が見送られてきた外国人の土地取引規制が今般、可決されるに至ったのは経済安保という新しい大義が力を持ったからだ。新国際秩序創造戦略本部の幹部は「われわれが動いたことによる成果だ」と胸を張る。

経済安保を錦の御旗とするケースは原発推進派にも見られる。発電において中東への依存度が高い石油でなく、原子力発電を重視するよう求めている。

「原子力の将来的な利用に向け、政府の立場を改めることが必要だ」。原発のリプレースを推進する議員連盟が5月11日に開いた会合において、原発が多数立地する福井県選出の稲田朋美元防衛相はこう主張した。稲田氏はまた、エネルギー基本計画にある「(原発)依存度を可能な限り低減」していくとする文言の削除も求めた。

政府は「新増設やリプレースは想定していない」という姿勢を堅持しているが、原発推進派議員からは「経済安保上、原発を積極的に活用していくことが重要だ」という声が公然と上がっている。

関係者によると、リプレース議連の会合に出席した安倍晋三首相(当時)は「原子力産業が衰退して技術や人材が途絶えてしまえば、中国やロシアから調達しなければならなくなる」と、経済安保の観点から原発の新増設やリプレースが必要だと説いたという。

経済安保は重要だ。だが、政治家がそれを自身の政治目的を達成するための〝武器〟に使うような悪ノリが過ぎれば、いずれ国民はそっぽを向くだろう。

(野中大樹)

INTERVIEW

「経済の実態を踏まえた議論を」

首相補佐官（経済・外交）・阿達雅志

菅義偉首相（当時）の側近で米国、中国双方に豊富な人脈を持つ阿達雅志・首相補佐官（参議院議員）。国際政治とグローバル経済の両面を踏まえた意見を聞いた。

――経済安保論議が盛んです。

経済のグローバル化が行き過ぎてしまった。自由貿易を推し進めてきた結果、国の安全保障を脅かしかねない事態が起きている。LINEが中国の関連会社にシステム開発を委託し、中国人技術者が日本の個人情報にアクセスできる状態にあったことなど、われわれは知らなかった。

守るべき情報や技術を整理し、対応策を練っていく。そのために経済安保という視点で全体像を見ていく必要性が出てきたということだ。ただ、そのときに大切なのは現実を踏まえた議論だ。

経済安保の議論は急に浮上したわけではない。例えばエネルギー安全保障の議論は昔からあった。日本は1次エネルギーに乏しく、石油は中東からの輸入に依存している。そのために中東との関係を強化したり、輸入先を中東以外に振り分けたりと、いろんなことをやってきた。これが本来の経済安保の議論で、いま盛り上がっている経済安保論議は、特定国をやや意識しすぎたものになっている。

――半導体サプライチェーンから中国を除外する、という意見が出ています。

中国が「中国製造2025」を打ち出し、世界の技術覇権を握ろうとしているといわれているが、覇権を取りにいくような力が中国に本当にあるのか私は疑問に思っている。半導体大手の紫光集団は20年2度もデフォルト（債務不履行）を起こした。中国の実力を冷静に見極めたい。

——中国企業はマルウェア（悪意あるソフトウェア）を埋め込み、情報を抜いたり、サイバー攻撃を仕掛けたりしている、という指摘があります。

誰がどのように抜き取っているのかは、具体的にははっきりしていない。仮に情報を抜き取るバックドアの疑いがあれば国際的な枠組みで検証をし、事実であればドアをふさいでいくことが重要だ。昨今被害が増えているサイバー攻撃にしても、仕掛けているのが特定国なのか、それとも国際ルールを守る気がないハッカー集団なのか、特定するのは非常に難しい。

——自民党の新国際秩序創造戦略本部が掲げた16分野の提言は広範囲に及びます。

いろんな人が「日本にはすごい技術がある」「頑張れば日本だけでできる」と言うのだが、海外の企業と切磋琢磨をし、足りないものは互いに補完し合っていくようにしなければ技術は向上しない。

米国と中国はデカップリング寸前のようにもいわれるが、米企業は中国とのビジネスをしっかり続けている。

阿達雅志（あだち・まさし）

1959年生まれ。東大法卒。住友商事在職中に米留学し、ニューヨーク州弁護士資格を取得。2014年参議院議員初当選。無派閥で菅義偉首相を支えるグループに属する。

米外交「中国カード」の切り方

「米国にとって、中国が最終的にどのような状態になることがゴールなのか。トランプ前政権に加えて、バイデン政権もそうした長期的なビジョンを欠いたまま、今週や今月のことだけを考えて中国政策を進めている」

そう指摘するのは、20年2月に外交専門誌『フォーリン・アフェアーズ』(電子版)に「左派は中国カードを使うべきだ」という論文を掲載し注目を集めた、米スワースモア大学教授のドミニク・ティアニー氏だ。共著者のタルン・チャブラ氏は論文掲載後、バイデン政権に入り、国家安全保障会議の技術・国家安全保障担当シニアディレクターになった。

米中の国交回復以降、米国は多少の揺れはあれど党派に関係なく、オバマ政権末期までは中国に関与政策を続け、その経済発展とともに最終的には民主国家になることを期待していた。だがバイデン政権は今、中国を民主的な国際システムに挑戦する「唯一の競争相手」と位置づける。中国の国力増大により、「関与」から「対抗」に移行せざるをえなくなった。

■ 米中 4つの対立ポイント

	競争分野	中国の状況	バイデン政権の対応
1	軍事	東シナ海、南シナ海での局地戦能力では米軍より優勢になりつつある	中距離ミサイル配備拡大など増強急ぐ。「台湾危機」の世論づくりも
2	テクノロジー	電子機器やAIで大躍進。クリーンエネルギーや量子コンピューター、バイオでもトップをうかがう	研究開発・産業政策、インフラ投資に巨額支出
3	経済	2030年ごろにGDP（国内総生産）で米国を逆転へ。ただ人口減少でその後失速との予想も	トランプ時代の関税戦争は後退。経済安全保障と産業政策が前面に
4	イデオロギー	専制主義・監視社会の自国システムに自信を深め、民主化を否定	民主主義・人権の価値観とそれに基づく国際ルールは死守する姿勢

（出所）東洋経済作成

短期の課題に忙殺

「今週や今月のこと」として早急に対抗しなければならないことは山積する。前表のように第1は軍事だ。現状ではまだ中国の軍事費は米国の約3分の1だが、東・南シナ海の局地では中国軍が優位になりつつある。

■ 中国の軍事的プレゼンスは高まっている
―米中の軍事費―

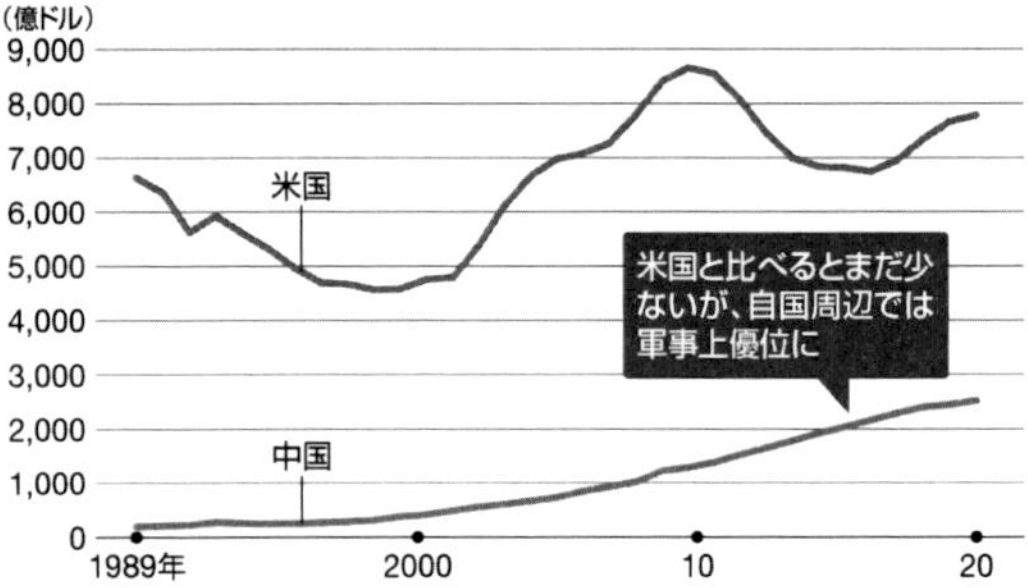

(注)実質ドル価格(2019年基準)　(出所)ストックホルム国際平和研究所

ポイントは「空母キラー」といわれるミサイル兵器だ。中国は2000発以上を保有し、米軍を近づけさせない戦略を取る。現在、東シナ海周辺の局地戦能力では、中国軍が米軍を上回るとの見方がある。有事の際は米軍が本土から主力部隊を増派しても到着までに2~3週間かかり、台湾軍事侵攻は中国側の勝利に終わるとのシミュレーションが有力だ。21年3月にデービッドソン米インド太平洋軍司令官（当時）は米議会で「中国が6年以内に台湾に侵攻する可能性がある」と警告した。

米国はこうした発言で世論を喚起しつつ、対中ミサイル網の増強など太平洋地域での軍備強化を急ぐ。4月の日米首脳会談の文書では52年ぶりに台湾に言及したが、今後日本は新たな役割分担が求められそうだ。

米国が早急な対応を必要とする第2の領域はテクノロジーだ。電子機器やAI（人工知能）などでは、中国は一部で米国と肩を並べるほど力をつけた。米国は、中国への技術や個人情報の漏洩を防ぐため、貿易・投資の管理を軸とする経済安保政策を強化している。

テクノロジーでは、研究開発力や産業競争力の向上も緊急課題となる。半導体など重要物資のサプライチェーンの確保が必須になるうえ、米中対立は純粋に技術覇権をめぐる戦いでもあるからだ。

米ソ冷戦時代の競争の象徴である核兵器の技術は、主に軍事に限定されたものだった。しかし、現在の競争の焦点であるＡＩや量子コンピューターは、中国軍がＡＩを活用した「知能化戦争」を研究するなど軍事に多大な影響を与えるうえ、監視カメラや生体認証技術と一体になり、社会の統治構造や市民生活のあり方、働き方などにも直結してくる。

基本的人権やプライバシーを無視した国家による監視型統治社会を構築しようとする中国にとって、ＡＩなど先端技術での躍進は強力な武器になる。テクノロジーは先の表で示した第４の競争分野「イデオロギー」での優劣にも結び付く厄介な要素になっているわけだ。

米上院は6月8日、ＡＩや半導体などの研究開発・生産に約２５００億ドル（約２７兆円）を充てる対中包括法案を可決。バイデン政権下の主要法案で初めての超党派合意となった。法案を共同提出した民主党上院のチャック・シューマー院内総務は

「AIや量子コンピューターなどの技術を活用し、『まだ見ぬ革新』を実現した国が、そのイメージどおりに世界を形成していく」と、民主勢力が技術革新を主導する必要性を訴えた。

こうした中、バイデン大統領はリベラル派ならではの「中国カード」の使い方を見せる。冒頭のティアニー氏らの論文はこの動きを正確に予言したものだったが、これをまとめたのが次図だ。

■ 内政と外交をセットで読み解く必要がある
—バイデン政権の対中国戦略のロジック—

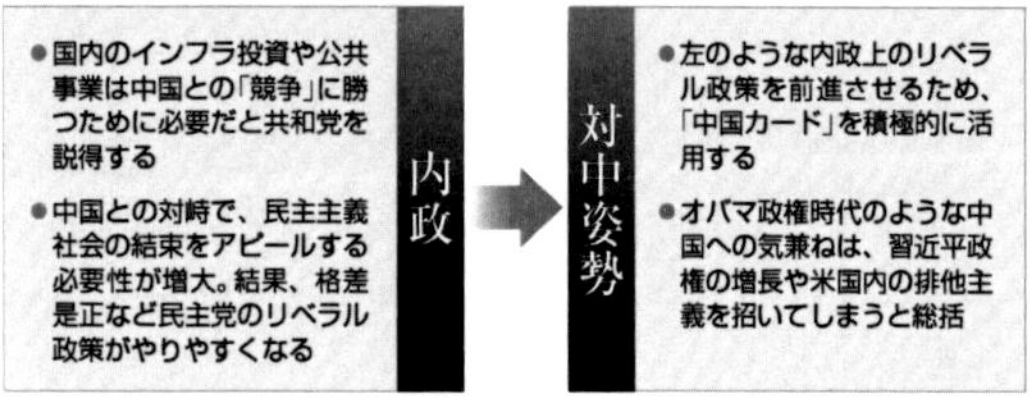

内政
●国内のインフラ投資や公共事業は中国との「競争」に勝つために必要だと共和党を説得する
●中国との対峙で、民主主義社会の結束をアピールする必要性が増大。結果、格差是正など民主党のリベラル政策がやりやすくなる
対中姿勢
●左のような内政上のリベラル政策を前進させるため、「中国カード」を積極的に活用する
●オバマ政権時代のような中国への気兼ねは、習近平政権の増長や米国内の排他主義を招いてしまうと総括

(出所)ティアニー教授らの論文を基に東洋経済作成

簡単に言えば、レーガン政権以降、米国で主流になっていた「小さな政府」への志向から「大きな政府」へと揺り戻す、別の表現をすれば、リベラル政策を再び復活させるために、超党派合意の獲得の手段として中国カードを使おうというものだ。

バイデン政権は21年春、中長期的な経済政策として「米国雇用計画」と「米国家庭計画」を打ち出したが、そこでは中国との競争に勝つためにインフラ投資や研究開発投資、重要物資の国産化への財政支出が必要だと訴えた。

また、格差拡大を背景に社会の分断や民主主義への信頼低下が進む中、民主主義社会の結束を国内外で呼びかけるために子育てや教育、介護などへの予算拡大が不可欠だと説明した。6月中旬の主要7カ国首脳会議（G7）では、中国の経済圏構想「一帯一路」に対抗し、民主主義国家による新興国のインフラ構築支援の枠組みを創設すると発表したが、これもバイデン流のロジックと一致する。

もっとも「善対悪」的にイデオロギー競争を強調しすぎる点については「外国人排斥やアジア人への人種差別を招きかねない」との批判がある。そして何よりも、トランプ氏の影響力の強い共和党は超党派合意には容易に歩み寄らないという現実的な問題もある。

事実、米国雇用計画などでの増税プランに共和党は猛反対しており、リベラル色の強い子育てや教育、介護などでの予算拡大で超党派合意が得られる可能性は低い。

22年秋の中間選挙までは、財政調整措置という手法を使って民主党単独で可決する道は残されるものの、仮にその中間選挙で民主党が負ければ、バイデン流の中国カードは力を失うだろう。一方で、経済安全保障や研究開発・産業政策の強化は、党派を超えたコンセンサスであるだけに選挙結果にかかわらず継続されるとみていい。

ただし民主、共和両党とも、冒頭のティアニー氏が指摘したように、中国政策の最終的な目標は明示的に設定していない。それはどんなものになるのか。ティアニー氏は3つの可能性を挙げながら、次のように説明する。

中国をどうしたいのか

1つ目は、中国が東シナ海・南シナ海で軍事行動を起こさないことを最終目標に設定することだ。ただしそれだけだと「専制主義を維持することがありうる」とティアニー氏は言う。

2つ目は、中国が民主国家になることを最終目標にすることだ。習近平政権でそれが困難となったことが、現在の対中競争政策拡大の原因だが、ポスト習の体制をにらみながら、関与政策の要素を復活させていく道はありうる。「仮にこの長期戦略を採るなら、数十年単位の視野を持った種まきが必要になる。また、現在の政策がこの長期戦略に合致するかという検証も重要だ」とティアニー氏は語る。

3つ目が中国の国力弱体化をゴールに置くことだ。「究極的には1991年にソ連が崩壊したように、中国の弱体化を最終目標とすることはありうる。そのとき初めてワシントンは中国との戦略的競争関係は終結したと満足するのかもしれない」（ティアニー氏）。

もっとも近年、ITの一部で見られるように中国経済が独自の発展を遂げれば、この戦略は画餅（がべい）に帰す。一方で中国の人口は、2020年代後半にも減少に転じ、それとともに中国経済は減速するとの見方も台頭している。もしそうなれば、対中政策は強硬路線から緩和に向かうだろう。

米国が中国に対してどんな姿勢で臨むのか。長期的なシナリオはまだ流動的だ。

（野村明弘）

INTERVIEW

「中国は超党派合意の唯一のイシュー」

米スワースモア大学　教授・ドミニク・ティアニー

『フォーリン・アフェアーズ』で、「中国との競争は、急進的な国内改革を含め、重要な国内政策法を議会で成立させるための効果的な方法だ」と論じた。

これは左派の間では論争的な議論になっている。なぜなら「中国」の恐怖が冷戦や熱戦をつくるために使われることを、恐れる人たちがいるからだ。その懸念はもっともで、中国カードは慎重に賢く使う必要がある。

ただ歴史的に見れば、「外」との競争の時代にワシントンが重要な法案を通すことができたという側面はある。例えば、南北戦争時には奴隷解放を成し遂げ、第1次世界大戦時には女性の参政権を確立した。冷戦初期でもソ連が人工衛星スプートニク号を打ち上げた後、米国は競争からの落後を恐れて、教育への連邦政府投資に踏み切った。

外国との競争は、政治を国内改革に駆り立てる機会であることをバイデン政権は十分に認識している。現在の米国政治は極端に分断され、超党派合意を形成することが非常に難しいが、例外は中国だ。中国は両政党を結び付ける唯一のイシューだ。

実際、6月8日に米上院は研究開発などに2500億ドルを拠出する法案を超党派で可決させたが、その理由は言うまでもなく中国だ。

2022年秋の中間選挙で民主党が負ければ、トランプ支持者による、新型コロナウイルスのパンデミックは元来中国に責任があるとの意見や、外国人排斥の主張が強まるだろう。バイデン政権には逆風だが、その中でも中国に対抗するのに必要な投資や政策で中国カードを使うことになると思う。

また、多国間主義を重視するバイデン政権にとって国際世論の存在も大きな要素であることを強調しておきたい。

（構成・野村明弘）

ドミニク・ティアニー（Dominic Tierney）

英オックスフォード大博士（国際関係）。近著に『The Right Way to Lose a War』。

INTERVIEW

「民生技術と軍事は不可分の関係だ」

同志社大学特別客員教授・兼原信克

安倍晋三首相の任期中、国家安全保障局（NSS）のナンバー2として安全保障戦略の中核を担ってきた兼原信克氏。国家安全保障のための最先端技術を生み出すには、学術関係者や民間企業を巻き込んだ仕組みづくりが欠かせないと説く。

――民生分野の技術的ブレークスルーが、安全保障環境を大きく変えていると指摘しています。

米商務省が14分野の新興技術を挙げているが、人工知能（AI）と半導体はとりわけ重要だ。半導体は、最先端の超微細化技術を有する受託製造世界最大手の台湾積体電路製造（TSMC）の存在が、地政学リスクを左右するまでになっている。米国はTSMCに対し、「セキュリティーリスクのある中国との取引をやめて、アリゾナに工場を持ってきてほしい」というメッセージを発してきた。

台湾有事を想定し、安定して半導体の供給量を確保したい狙いもあるだろう。TSMCは米国を選んだ。日本も、TSMCの半導体製造の後過程を国内に誘致しようとしている。

これからの10~20年では、量子コンピューター技術の覇権争いも重要になる。量子コンピューターの能力は桁違いである。暗号や新素材の開発、創薬などさまざまな分野で利用が見込まれるが、安全保障の世界も激変することは間違いない。だから米中がものすごい勢いで、量子コンピューターに予算を入れ始めている。

――経済安全保障をめぐる日本の反応をどうみていますか？

自民党の半導体戦略推進議員連盟が立ち上げられるなど、正しい方向に向かっていると感じるが、日本で経済安全保障に関する議論が始まったのは、2~3年前にすぎない。これには日本特有の科学技術予算のあり方も関係している。

米国の研究開発予算は20兆円あり、そのうち10兆円以上が国防総省（ペンタゴン）やエネルギー省に流れている。米国には科学技術庁がないから、ペンタゴンやエネルギー省が一大科学技術集団を形成していて、ここでは軍事技術に限らず先端技術の基礎研究や応用研究、装備開発が行われている。

国家安全保障に関わるから、世界貿易機関の定める不公正貿易に当たらない。彼らが米国で最優秀の人を集め、巨額の開発予算を提供し、それが民間企業の研究機関にも流れている。国家安全保障関連の研究開発予算が民間の研究開発を引っ張り、そこからスピンオフ技術が生まれているのだ。

政府主導で資金提供を

一方で日本の科学技術予算は4兆円あるが、ほとんど防衛省に触らせない仕組みになっている。日本の防衛予算は5兆円で、これに研究開発予算のいくらかでも足せば、経済産業省や民間企業を幅広く巻き込みもっと大胆で腰を据えた研究開発ができるようになる。

それができない理由の1つは、学術界の軍事アレルギーだ。いまだに国内冷戦の分断を引きずっていて、日本学術会議は政府の一部なのに、防衛省とはいっさい付き合わないという声明を出した。

もう1つは、「町人国家」になったことだ。冷戦中、経済界や経済官庁は、国家安全保障とは距離を置き経済成長に邁進した。狭い意味での防衛産業以外では、国家安全保障に貢献しようという意欲がなくなり、国も民間も安全保障に必要な民生技術への投資がおろそかになった。今日では、AIや半導体など民生技術が防衛の世界を大きく変えているのに、日本は大きく出遅れている。

――具体的な政策としては、どうすればいいと考えますか?

政府がリスクを取り、国家安全保障に関する民生技術の研究開発に巨額の資金を出す新しい予算ルートが必要だ。防衛、防災、防疫などに貢献する民生技術を研究開発する産官学共同研究プロジェクトの拠点をつくる一歩を踏み出してほしい。

（聞き手・二階堂遼馬）

兼原信克（かねはら・のぶかつ）

1981年東京大学法学部卒業、外務省に入省。外務省国際法局長を経て2012年に内閣官房副長官補に就任。14年から新設の国家安全保障局次長を兼務。19年退官。

「外国の影響」にどう向き合う

東京大学　未来ビジョン研究センター　教授・渡部俊也

米国の著名な研究者が、中国との関係を開示しなかったとして逮捕・訴追されるケースが相次いでいる。

米司法省は2020年1月、ハーバード大学の化学・化学生物学部長を務めるチャールズ・リーバー教授を訴追した。中国の研究プロジェクトとの関係を隠し、虚偽の申告をしていた罪に問われている。中国政府が外国の研究者を招致する「千人計画」に参加し、武漢理工大学から月給5万ドルを受領していた嫌疑である。

有力教授であったリーバー博士の事件は驚きをもって報じられたが、さらにこの訴追の発表と同じ日、2人の逮捕が発表されている。1人は中国人民解放軍に所属していることを隠してボストン大学に在籍し、ロボット開発に従事していた研究者、もう1人はボストンのローガン国際空港で生体サンプル21個を中国に持ち出そうとして逮捕された、がんの研究者である。

こうした事件が米国で相次いで起きている背景については、トランプ政権以降の中国に対する米国政府の制裁と関係しているという印象を持つかもしれない。しかし米国の学術研究において、「外国の影響」が先端技術の流出につながっているとする見方は、トランプ政権で突然生じたものではない。10年以降、先端情報の流出を疑わせる事件が相次いだことから、その懸念が徐々に高まってきたというのが実情に近い。

12年に発覚したデューク大学の事件では、米連邦捜査局（FBI）によって報告書が公開されている。報告書によれば、当初から情報を盗む目的で中国人が留学し、大学研究室にあった装置の複製を作り、千人計画の支援を得て、窃盗した情報を基に中国で起業したとされる。

米国の大学には世界中から有能な研究者や留学生が集まる。しかしオープンな研究組織を悪用した情報窃盗が相次げば、厳しい規制を導入せざるをえなくなり、大学の有する国際性を損なうことになりかねない。そうした危機感から、大学は外国の影響に対する自主管理を行うようになっている。

リスクを管理する発想

この問題については、米国立科学財団から委託された科学諮問グループ・ジェイソンが19年に「基礎研究の安全保障に関する報告書（ジェイソンリポート）」を発表。報告書は、中国の行為が米学術界における外国の影響についての懸念を生じさせているとして、外国との利害関係の完全な開示や、研究資金提供機関と資金提供を受ける側の責任について提言している。

米国では、こうした自主管理の手法は安全保障関係に限らず、大学の外部からのさまざまな影響に対して同様に行われてきた。例えば未公開株の所有を伴うベンチャー企業との兼業や巨額の資金提供などは、研究成果の改ざんや、調達・教育に対するバイアスなどにつながりうる。これらは「利益相反の管理」と呼ばれ、現実に不正が起きていなくても、社会から疑念を抱かれるような状態も含めてリスクを低減するための管理を行うという考え方である。

ここでリスクを「なくす」とはいわず「低減する」としているのには深い理由がある。すなわち産学連携を行うことは企業と何らかの利害関係が生じることになるので、潜在的な利益相反状態を避けられない。その点でリスクをゼロにしようとすると、産学連携を禁止するしかない。大学の発展のため、あるいは社会への貢献のために企業との連携が必要だと考えるのであれば、何らかのリスク低減策を考案する必要がある。

最悪なのは、企業との関係性を隠し、第三者の審査もない状態で疑念を持たれた場合であり、大学としての説明は困難になる。そういうことのないよう、企業との関係をあらかじめ第三者が審査し、かつその関係を公開することで、疑念が生じたときに大学としての説明責任を果たせるようにするのが大事である。

米国の大学はその後、このような考え方を外国との連携についても当てはめるようになった。外国との関係性を事前に開示したり、開示された経済的利益や責務による影響について、第三者による委員会で個別の審査を行ったりする仕組みである。ただし、それは決して中国などの特定国向けの制度ではなく、企業との関係と同様、外国一般の影響に対するリスクマネジメントとして行われている。

そしてこのような産学の利益相反や研究倫理、さらには安全保障におけるリスク管理などの上位概念としては、「研究インテグリティーの維持発展のための管理」という考え方がある。

ここでいうインテグリティーとは、大学や研究機関が維持しなければならない、社会から見て望ましい状態、すなわち、経済的利益などを伴う外部の影響によって、公正であるべき学術研究や教育が歪められることのない状態を指す。法令で強制されなくても、自らのインテグリティーを維持し発展させるために必要と見なす自主管理であり、米国の大学の自律的な経営姿勢に根差すものである。

このような自主管理は、トランプ政権以前から、多くの大学で実施されるようになっている。ジェイソンリポートは、一連の自主管理を追認したものと考えてよい。

米国に学ぶべき理念

日本でもこれに倣うような形で、研究インテグリティーについての報告書が出され、文部科学省から全国の大学に周知が行われている。しかし日本が学ぶべきは具体的な管理方法などに加え、その理念、すなわち「外国との連携を維持し発展させるためには、その影響が生じるのは不可避であるものの、それを管理することでリスクを最大限低減する」という考え方である。

それは、特定国との連携を厳しく規制したり禁止したりするということでは決してない。米国の大学では「特定国や特定国籍だからという理由で排除しない」というフレーズを頻繁に聞く。これはオープン性や人権を重んじる大学として重要なポリシーである。

他方、現時点の米国において、特定国に対する懸念の高まりといった政治的な状況が存在することは否定できない。その点、ジェイソンリポートの理念は、これからさまざまなチャレンジを受けることになるだろう。

2021年1月、マサチューセッツ工科大学（MIT）の陳剛（Gang Chen）教授が虚偽申告の容疑で当局によって逮捕されたが、この嫌疑の中には当初、中国南方科技大学から1900万ドルを受け取っていたことが含まれていた。この資金はMIT

が組織として受け入れていたものであったため、研究者コミュニティーから不当逮捕だと反発が起き、約200人のMIT教員が「陳氏は科学者が日常的に行っている通常の研究慣行に従っていただけであり、一部の容疑は誤解である」と主張したレターに署名している。レターの締めくくりには、「私たちは皆 Gang Chen です」と記されていた。

本事案に関しては大学の慣行が捜査当局によく理解されていなかったことで生じた可能性が高い。アカデミアと政府とのコミュニケーションがいかに重要かを示す例であるともいえる。大学、研究者コミュニティーと政府当局を巻き込んだ論争の行方は、日本の今後の科学技術研究を考えるうえで、ひとごとでは済まされないことは明らかである。

渡部俊也（わたなべ・としや）
東京工業大学大学院修了。民間企業、東大先端科学技術研究センターを経て、東大未来ビジョン研究センター教授。産学連携に詳しい。2016年から東大の執行役・副学長を兼ねる。

英国は投資規制を強化

安保と経済の二兎を追う

ジャーナリスト／長崎県立大学教授・笠原敏彦

最新鋭空母「クイーン・エリザベス」のアジア派遣などを受け、英国が中国への強硬姿勢に転じたとの見方が広がっている。確かに英国はかつての対中融和姿勢をリセットした。

だが、その内実は経済分野を含む安全保障と一般的な経済活動とを分けて国益を追求するという、戦略的枠組みの明確化にとどまるものだ。英国は安全保障と経済の二兎を追おうとしているのである。

英中関係のいわゆる「黄金時代」は、キャメロン保守党政権時代の2015年10月の習近平国家主席の訪英に始まるものだ。このとき、中国国営企業の英国での原発建設参入を含む総額400億ポンド（約6兆4000億円）の商談が結ばれている。

英国は「中国の西側最大のパートナー」となることでチャイナマネーの獲得を目指し、中国には英国の「開かれた経済」を突破口に重要インフラでも国外市場参入拡大を目指す思惑があった。

この蜜月関係は、英国が中国の人権問題や膨張主義への批判を封印した成果だった。習氏の訪英前、オズボーン英財務相（当時）が西側閣僚としては異例の、新疆ウイグル自治区訪問を行ったが、人権問題には口をつぐんだ。

そして、英国が2020年1月に欧州連合（EU）を離脱したことで、中国は一層重要性を帯びることになる。世界で繁栄する「グローバルブリテン」というジョンソン首相の野心にとって、対EU貿易の穴埋め先として中国の巨大市場は欠かせないからである。

英国家統計局によると、19年の英国の貿易に占める中国の割合は輸出が4・4%（307億ポンド）で国別では第6位、輸入が6・8%（490億ポンド）で同第4位にとどまる。だがEU域外で見ると、輸出・輸入とも米国に次いで第2位となり、中国のシェアは2000年の1％前後から急拡大している。

海外からの投資規制法

こうした状況下で、2020年、英中関係を取り巻く環境が一変した。中国の新型コロナウイルス対応に始まり、通信機器大手・華為技術（ファーウェイ）の5G問題、香港での国家安全維持法導入による「一国二制度」の形骸化などで、中国リスクが再認識されたからである。英議会では与党・保守党議員による対中強硬派団体「中国調査グループ（CRG）」が結成され、中国により厳しく対応するよう政府への圧力を強めている。

こうして、対中アプローチの修正を迫られたジョンソン政権の微妙な立場は、ファーウェイ問題への対応から浮かび上がる。

英国は20年1月にファーウェイの「部分参入」を認める決定をしたが、その半年後の7月には「27年までの完全排除」へと転じた。その際、米豪など英語圏5カ国の機密情報共有ネットワーク「ファイブアイズ」と協調して5G整備を進める意向を示している。英国は、中国リスクの過小評価を修正し、ついに経済安全保障に正面から向き合わざるをえなくなったとみるのが妥当だろう。

そして、この転換を法的枠組みで示したのが21年4月に成立した「国家安全保障・投資法」である。同法は通信、人工知能（AI）、防衛、エネルギーなど17分野を対象に、外国企業が英企業に投資する際は政府に事前申告することを義務づけ、安全保障面で問題があると判断した場合は政府が取引を阻止できると規定する。

従来の規制が売上高と市場シェアで事前通知の基準を設けていたのに比べ、政府の介入余地を格段に強めたものだ。これは、英伝統のレッセフェール的な「開かれた経済」からの転換である。

しかし現時点で、中国への経済的な対抗措置はこの新法ぐらいだ。コロナ禍で脆弱性が浮き彫りになったサプライチェーンの見直しも進んでいない。英国の対中姿勢は、米国が国防権限法に基づき中国軍関係企業への投資禁止を課すなど、矢継ぎ早の措置で対決色を前面に押し出しているのと比べれば、本気度の違いが鮮明である。

英国は21年3月、ブレグジット後の国家戦略「競争時代におけるグローバルブリテン」(通称・統合レビュー)を公表した。その柱は、対外政策をインド太平洋地域へ傾斜させることである。この中で、経済と安全保障で股裂き状態になった姿が浮き彫りになっている。

レビューでは、「中国の軍近代化と自己主張を強める動きは英国の国益への増大するリスクだ」と指摘する一方で、「われわれの国家の安全と価値観を確実に守りながらも、中国とは貿易、投資面で積極的な関係を追求し続ける」との方針を示しているのである。

また、ジョンソン首相は21年2月、中国企業代表との会合で「私は熱心な親中派だ」「時々のいかなる政治的な困難があっても」中国との経済関係を強化していくと語ったと報じられている。これは「二枚舌外交」のようにも見えるが、簡単には中国との対決姿勢に踏み切れない国内事情がある。中国がすでに多くの重要インフラに食い込んでいるからだ。

重要インフラに中国企業

中国国営の原子力企業・中国広核集団（ＣＧＮ）は英南西部ヒンクリーポイントの原発建設に３３・５％を出資し、ほかに2つの原発建設計画にも関与。政府系ファンド「中国投資有限責任公司」はヒースロー空港の運営会社の株式１０％を保有し、国営石油会社「中国海洋石油集団（ＣＮＯＯＣ）」は北海油田に投資、といった具合である。さらに、英国をオフショア人民元取引の世界的なセンターにするという金融立国の野心も捨てがたいものだろう。

中でも、原発分野は複雑だ。英国の原発は老朽化し、多くが更新時期を迎えている。日立製作所が２０年、採算性を理由に英国の原発建設から撤退したことからもわかるように、中国を排除、または中国が撤退すれば、新たな投資元を見つけるのは容易ではないと予想される。つまり、英国は中国にエネルギー政策の根幹を握られているのである。英国がこの事態にどう対応するかは、今後の英中関係を占う試金石になることだろう。

英国の対中姿勢は、「レアルポリティーク」を地でいくものである。対中関係を決定的に悪化させたオーストラリアなどの状況を横目に、中国のレッドライン（報復制裁発動ライン）を見極めながら、安全保障と経済とのバランスを図っていく。「分断と支配」を外交戦術とし欧米諸国を反中で結束させたくない中国の思惑に、英国は「勝機」を見いだそうとしているようである。

笠原敏彦（かさはら・としひこ）
毎日新聞元記者。ワシントン特派員のほか、ロンドン特派員、欧州総局長として滞英8年。2017年から現職。英国王立国際問題研究所会員。著書に『ふしぎなイギリス』。

■英中関係は「黄金時代」から緊張関係に —近年の英中関係—

1997年	中国への香港返還
2012年	キャメロン首相がダライ・ラマと会見。英中間の閣僚訪問が1年半途絶える
15年	西側主要国で初めてアジアインフラ投資銀行(AIIB)への参加を表明 習近平国家主席が訪英し、キャメロン首相と英中関係「黄金時代」をうたう
20年1月	ファーウェイの5G市場への部分参入を認める方針を発表
4月	議会に対中強硬派「中国調査グループ(CRG)」が発足
6月	香港で反体制活動を封じる「国家安全維持法」施行
7月	ファーウェイの完全排除へ方針を転換
21年3月	新たな国家戦略「統合レビュー」公表。インド太平洋地域への傾斜を明示
4月	中国を想定した買収規制強化策「国家安全保障・投資法」が成立
5月	最新鋭空母「クイーン・エリザベス」が極東へ向け出港

■「国家安全保障・投資法」が規制する17分野

先端素材/先進ロボット工学/人工知能/民生用原子力/通信/コンピューターハードウェア/政府への重要なサプライヤー/危機管理に関する重要なサプライヤー/暗号認証/データ・インフラストラクチャー/防衛/エネルギー/生物工学/軍民併用技術/量子技術/衛星・宇宙技術/輸送

「中国に情報を抜かれる前に企業は備えを」

自民党　衆議院議員・甘利　明

経済安全保障論議に火をつけた自民党の新国際秩序創造戦略本部。２０年１２月と２１年5月に提言を公表した。座長の甘利明衆議院議員は、「経済安保は企業にとっても避けて通ることのできない重大な経営課題」と説く。

――自民党提言への反応は?

２０２０年１２月の「中間取りまとめ」の英訳を公表したところ、いろいろな国の大使から「直接、話をしたい」と連絡があった。

日本は経済安保にあまりに無頓着だ。２０年からのコロナ禍で明らかになったのは日本の脆弱性。マスクさえ中国に依存しており、当初は調達に苦労した。緊張関係がある国に特定の物品の調達を依存するのは明確なリスクだ。

――経済安保、あるいは国際的なルール形成に関して、中国の危険性を強く指摘されています。

世界は今、猛烈にデジタル化が進んでいるが、そのデジタル技術は民主主義国よりも独裁体制のほうに親和性がある。中国は人工知能（ＡＩ）や顔認証システムを使った監視カメラによって、社会を監視している。電子決済を通じて個人の行動履歴もわかる。仮に中国方式が世界標準になってしまえば、各国のデータが中国に抜き取られかねない。

20年、中国に進出している企業に対して、中国政府は推奨する税務会計ソフト2つのうち、どちらかを使うように命令したが、それをインストールするとマルウェア（悪意のあるソフトウェア）によって情報が抜き取られるようになっていた。この件を国外メディアが報道すると、インターネット経由でマルウェアをひそかに消去した。

日本企業が中国市場に進出するならば、基本的にすべて（情報や技術）が盗まれるという前提でいないと。丸裸にされるということだ。それを防ぐには対策をしてくださいと企業に伝えたい。米欧の政府、企業が対策を進める中で、日本だけが情報漏洩などのリスクを放置したままにしておけば、機微情報を扱う先進国のグループから、日本だけが分離されかねない。

――日本企業は具体的にどう対応すれば？

中国だけがデータや技術を取ろうとしているのではなく、同盟国の米国も同じようなことをしている。だからデータセンターは日本国内に置くのが前提だ。データセンターを米国に置けば、ＧＡＦＡのような企業にすべて握られる。同じ自由主義陣営であっても相手に情報を握られてしまうのは、国際デジタル秩序の担い手でなくなるということだ。

今後は法整備を進めて、重要先端技術の研究に従事する民間関係者を対象に、情報の保全・共有の仕組みを取り入れる。いわゆる「セキュリティークリアランス」で、情報民間関係者が外国のスパイでないことを確認する仕組みだ。

データが決定的に重要になるデータドリブンの社会に突入する中で、基本的な装備をしていないのは日本だけ。今後は企業がある日突然、取引先から「情報管理システムができていないから取引を打ち切る」と通告されて倒産することがありうる。つまり業績がよくても突然倒産するケースが出てくる。コーポレートガバナンス・コードに経済安保の内容が盛り込まれ、上場企業には経済安保担当の役員が置かれるようになる。

（聞き手・野中大樹）

甘利　明（あまり・あきら）

1949年生まれ。自民党税制調査会長。党の新国際秩序創造戦略本部で経済安保の提言をまとめた。経済産業相や経済財政担当相を歴任。当選12回。

「デカップリング論に惑わされてはいけない」

多摩大学　学長・寺島実郎

国際的ルール形成への関与の重要性をいち早く見抜き、学長を務める多摩大学に「ルール形成戦略研究所」を置いた寺島実郎氏。だが、経済安保論議を行う際には「事の本質を見誤ってはいけない」と警告を発する。

——米中対立の中で経済安保の議論が熱を帯びています。

まず、以下の数字を冷静に確認したい。2020年、米国と中国との間の貿易総額は5592億ドルで、前年と比べると3億ドル増えていた。一方、日本と米国とのそれは1833億ドルで、前年比で350億ドルも減った。つまり、コロナ禍で日米間の取引が大きく後退していたとき、米中はしっかり手を握り合っていたということだ。数字で明らかなように、米中間の貿易総額は日米間のそれの3倍にも達している。米中デカップリングだ、新冷戦だと騒いでいるが、事の本質を見抜かないと私たちは米中関係に翻弄されることになる。

かつて、外交評論家の松本重治が「日米関係は米中関係だ」と、本質をえぐる指摘をした。日米関係は中国というファクターに絶えずかき回されてきたという意味だ。

第2次世界大戦において、日本は米国に敗北したと総括しがちだが、米中の連携に敗れたという側面も押さえておかなくてはならない。もし1949年、中国に共産党政権が発足していなければ、日本の復興は20年も30年も遅れたといわれている。国民党が中国大陸を統治していれば米中連携が続いていたはずだが、共産党政権ができたため、米国は日本を国際社会に復帰させ、共産主義に対する防波堤として経済的に復興させる必要が生じた。

要するに米国は、日本が脅威であるときは中国と連携し、中国が脅威になれば日本をうまく使う、という手法を歴史的に取ってきた。この事実を前に、「米中が対立していてくれれば米国は日本側に向いてくれる」というメンタリティーでいいのか。世界から尊敬される国になるだろうか。

――では、経済安保とは。

真っ先に議論しなければならないのは食と農だ。この国は食と農を犠牲にして、工業生産力モデルで戦後復興を果たしたといえる。その結果、食料自給率はカロリーベースで37%という、欧米諸国に比べても驚くほど低い水準に陥っている。さらにコロナによってマスクも医療用手袋も防護服も海外に依存している現実を目の当たりにした。国民の安全を担保するためには何が必要なのか。それを考えることが真の経済安保だ。

――とはいえ、強権化する中国とはどう向き合えばいいのでしょう。

米国に過剰依存してはならないと言ってきたのは、それが中国と正対するための条件だからだ。中国やロシアの有識者と議論していると、彼らは日本を米国のプロテクトレート（保護領）としかみていないことに気づく。そんな国と1対1で真剣な議論ができるか。

今はチャンスだ。中国が強権化しているこの状況下というのは、日本がどういう国であろうとするのかを考える絶好の機会なのだ。

（聞き手・野中大樹）

寺島実郎（てらしま・じつろう）
1947年生まれ。一般財団法人日本総合研究所会長。一般社団法人寺島文庫代表理事として教育、社会活動に取り組む。

【週刊東洋経済】

本書は、東洋経済新報社『週刊東洋経済』2021年6月26日号より抜粋、加筆修正のうえ制作しています。この記事が完全収録された底本をはじめ、雑誌バックナンバーは小社ホームページからもお求めいただけます。

小社では、『週刊東洋経済eビジネス新書』シリーズをはじめ、このほかにも多数の電子書籍ラインナップをそろえております。ぜひストアにて「東洋経済」で検索してみてください。

『週刊東洋経済eビジネス新書』シリーズ

No.357　がん治療の正解
No.358　事業承継　M&A
No.359　テスラの実力
No.360　定年消滅
No.361　激動の半導体

No.362　不動産　勝者と敗者
No.363　弁護士業界　最前線
No.364　YｏｕTｕｂｅの極意
No.365　デジタル大国　中国
No.366　地銀　大再編
No.367　おうちで稼ぐ！
No.368　老後マネーの育て方
No.369　製薬　大リストラ
No.370　リスクシナリオ　２０２１
No.371　富裕層マル秘マネー学
No.372　コロナ時代の新住宅事情
No.373　日立・三菱重工の岐路
No.374　脱炭素サバイバル
No.375　郵政崩壊

No.376　脱・ストレスの処方箋
No.377　働き方と経営の法律
No.378　コロナ倒産危機
No.379　車載半導体　争奪戦
No.380　マルクス　vs．ケインズ
No.381　医療テック最前線
No.382　漂流する東芝
No.383　不動産投資　光と影
No.384　コンサル全解明
No.385　大転換の商社ビジネス
No.386　会社とジェンダー

週刊東洋経済eビジネス新書　No.387
全解明　経済安全保障

【本誌（底本）】
編集局　二階堂遼馬、長谷川　隆
デザイン　杉山未記、熊谷直美、伊藤佳奈
進行管理　下村　恵
発行日　2021年6月26日

【電子版】
編集制作　塚田由紀夫、長谷川　隆
デザイン　市川和代
制作協力　丸井工文社
発行日　2022年3月10日　Ver.1

発行所　〒103-8345
東京都中央区日本橋本石町1-2-1
東洋経済新報社
電話　東洋経済コールセンター
03（6386）1040
https://toyokeizai.net/
発行人　駒橋憲一

電子書籍化に際しては、仕様上の都合などにより適宜編集を加えています。登場人物に関する情報、価格、為替レートなどは、特に記載のない限り底本編集当時のものです。一部の漢字を簡易慣用字体やかなで表記している場合があります。本書は縦書きでレイアウトしています。ご覧になる機種により表示に差が生じることがあります。

本書に掲載している記事、写真、図表、データ等は、著作権法や不正競争防止法をはじめとする各種法律で保護されています。当社の許諾を得ることなく、本誌の全部または一部を、複製、翻案、公衆送信する等の利用はできません。

もしこれらに違反した場合、たとえそれが軽微な利用であったとしても、当社の利益を不当に害する行為として損害賠償その他の法的措置を講ずることがありますのでご注意ください。本誌の利用をご希望の場合は、事前に当社（TEL：03-6386-1040もしくは当社ホームページの「転載申請入力フォーム」）までお問い合わせください。

※本刊行物は、電子書籍版に基づいてプリントオンデマンド版として作成されたものです。